中国社会科学院重大课题
国家“十五”重点出版项目

列国志

GUIDE TO THE WORLD STATES

中国社会科学院《列国志》编辑委员会

马里

张忠祥 编著

社会科学文献出版社
SOCIAL SCIENCES ACADEMIC PRESS (CHINA)

马里行政区划图

马里国旗

马里国徽

1996年5月江泽民主席
访问马里

巴马科市阿萨德大道

巴马科大桥

莫普提清真寺

杰内大清真寺

通布图的清真寺

通布图古城墙

多贡人的建筑

多贡人的尖顶泥屋

邦贾加拉悬崖

戴面具的多贡青年

多贡文化

前　言

自1840年前后中国被迫开关、步入世界以来，对外国舆地政情的了解即应时而起。还在第一次鸦片战争期间，受林则徐之托，1842年魏源编辑刊刻了近代中国首部介绍当时世界主要国家舆地政情的大型志书《海国图志》。林、魏之目的是为长期生活在闭关锁国之中、对外部世界知之甚少的国人"睁眼看世界"，提供一部基本的参考资料，尤其是让当时中国的各级统治者知道"天朝上国"之外的天地，学习西方的科学技术，"师夷之长技以制夷"。这部著作，在当时乃至其后相当长一段时间内，产生过巨大影响，对国人了解外部世界起到了积极的作用。

自那时起中国认识世界、融入世界的步伐就再也没有停止过。中华人民共和国成立以后，尤其是1978年改革开放以来，中国更以主动的自信自强的积极姿态，加速融入世界的步伐。与之相适应，不同时期先后出版过相当数量的不同层次的有关国际问题、列国政情、异域风俗等方面的著作，数量之多，可谓汗牛充栋。它们对时人了解外部世界起到了积极的作用。

当今世界，资本与现代科技正以前所未有的速度与广度在国际间流动和传播，“全球化”浪潮席卷世界各地，极大地影响着世界历史进程，对中国的发展也产生极其深刻的影响。面临不同以往的“大变局”，中国已经并将继续以更开放的姿态、更快的步伐全面步入世界，迎接时代的挑战。不同的是，我们所面临的已不是林则徐、魏源时代要不要“睁眼看世界”、要不要“开放”问题，而是在新的历史条件下，在新的世界发展大势下，如何更好地步入世界，如何在融入世界的进程中更好地维护民族国家的主权与独立，积极参与国际事务，为维护世界和平，促进世界与人类共同发展做出贡献。这就要求我们对外部世界有比以往更深切、全面的了解，我们只有更全面、更深入地了解世界，才能在更高的层次上融入世界，也才能在融入世界的进程中不迷失方向，保持自我。

与此时代要求相比，已有的种种有关介绍、论述各国史地政情的著述，无论就规模还是内容来看，已远远不能适应我们了解外部世界的要求。人们期盼有更新、更系统、更权威的著作问世。

中国社会科学院作为国家哲学社会科学的最高研究机构和国际问题综合研究中心，有11个专门研究国际问题和外国问题的研究所，学科门类齐全，研究力量雄厚，有能力也有责任担当这一重任。早在20世纪90年代初，中国社会科学院的领导和中国社会科学出版社就提出编撰“简明国际百科全书”的设想。1993年3月11日，时任中国社会科学院院长的胡绳先生在科研局的一份报告上批示：“我想，国际片各所可考虑出一套列国志，体例类似几年前出的《简明中国百科全书》，以一国（美、日、英、法等）或几个国家（北欧各国、印支各国）为一册，请考虑可行否。”

中国社会科学院科研局根据胡绳院长的批示，在调查研究的基础上，于1994年2月28日发出《关于编纂〈简明国际百科全书〉和〈列国志〉立项的通报》。《列国志》和《简明国际百科全书》一起被列为中国社会科学院重点项目。按照当时的计划，首先编写《简明国际百科全书》，待这一项目完成后，再着手编写《列国志》。

1998年，率先完成《简明国际百科全书》有关卷编写任务的研究所开始了《列国志》的编写工作。随后，其他研究所也陆续启动这一项目。为了保证《列国志》这套大型丛书的高质量，科研局和社会科学文献出版社于1999年1月27日召开国际学科片各研究所及世界历史研究所负责人会议，讨论了这套大型丛书的编写大纲及基本要求。根据会议精神，科研局随后印发了《关于〈列国志〉编写工作有关事项的通知》，陆续为启动项目拨付研究经费。

为了加强对《列国志》项目编撰出版工作的组织协调，根据时任中国社会科学院院长的李铁映同志的提议，2002年8月，成立了由分管国际学科片的陈佳贵副院长为主任的《列国志》编辑委员会。编委会成员包括国际片各研究所、科研局、研究生院及社会科学文献出版社等部门的主要领导及有关同志。科研局和社会科学文献出版社组成《列国志》项目工作组，社会科学文献出版社成立了《列国志》工作室。同年，《列国志》项目被批准为中国社会科学院重大课题，国家新闻出版总署将《列国志》项目列入国家重点图书出版计划。

在《列国志》编辑委员会的领导下，《列国志》各承担单位尤其是各位学者加快了编撰进度。作为一项大型研究项目和大型丛书，编委会对《列国志》提出的基本要求是：资料详实、准确、最新，文笔流畅，学术性和可读性兼备。《列国志》之所以强调学术性，是因为这套丛书不是一般的“手册”、“概览”，而是在尽可能吸收前人成果的基础上，体现专家学者们的研究所得和个人见解。正因为如此，《列国志》在强调基本要求的同时，本着文责自负的原则，没有对各卷的具体内容及学术观点强行统一。应当指出，参加这一浩繁工程的，除了中国社会科学院的专业科研人员以外，还有院外的一些在该领域颇有研究的专家学者。

现在凝聚着数百位专家学者心血、约计200卷的《列国志》丛书，将陆续出版与广大读者见面。我们希望这样一套大型丛书，能为各级干部了解、认识当代世界各国及主要国际组织的情况，了解世界发展趋势，把握时代发展脉络，提供有益的帮助；希望它能成为我国外交外事工作者、国际经贸企业及日渐增多的广大出国公民和旅游者走向世界的忠实“向导”，引领其步入更广阔的世界；希望它在帮助中国人民认识世界的同时，也能够架起世界各国人民认识中国的一座“桥梁”，一座中国走向世界、世界走向中国的“桥梁”。

《列国志》编辑委员会

2003年6月

CONTENTS

目 录

CONTENTS

目　录

CONTENTS

目　录

CONTENTS

目 录

CONTENTS

目 录

CONTENTS

目 录

CONTENTS

目　录

CONTENTS

目录

CONTENTS

目　录

编著前言

马里共和国是西非第二大国，面积 124 万平方公里，人口约为 1340 万人（2004 年），位于尼日尔河中上游、撒哈拉沙漠西南缘，是一个内陆国家。

马里是非洲大陆历史悠久的文明古国。早在史前时期，马里境内就有人类繁衍生息。考古学家在马里一些地区，发现旧石器时代的原始人居住地。新石器时代的遗址分布于马里境内许多地区，包括尼奥罗、加奥、巴马科等地。1927 年，在马里古城通布图市东北 400 公里处的阿谢拉尔曾发现公元前 7000 年人类遗骸。近年来，在马里尼日尔河内河三角洲发现了建于公元前 3 世纪的杰内古城。它是金石并用时期最重要的遗址之一，古城的历史一直延续到 15 世纪初。在中古时代，马里曾是加纳、马里、桑海等西非著名的统一大帝国的中心地区。除了杰内和通布图外，塞古、加奥、莫普提等都是马里的历史名城。

马里有 23 个民族，是一个多民族的国家，各个民族在历史上创造了灿烂的文化，其中，多贡文化尤负盛名。多贡高原位于尼日尔河内河三角洲的南边，从西边的邦贾加拉大悬崖到东边的洪博里山，绵延 400 余公里。这是世界罕见的丹霞地貌奇观，加之世代居住在那里的多贡民族，积淀了著名的多贡文化，1989 年被列入《世界自然与文化遗产》名录，属自然与文化兼备的“双料”人类遗产。

马里与许多非洲国家一样，在近代遭到西方殖民主义的入侵和统治。早在1712年，法国殖民者在塞内加尔上游卡伊建立了第一个殖民据点，后来，法国殖民主义者不断渗入马里境内，19世纪中叶派出军队大举入侵马里。1890年，马里沦为法国的殖民地，称为“法属苏丹”，殖民统治中心设在卡伊。1904年并入“法属西非”。1920年又改为法属苏丹，行政中心从卡伊迁到巴马科。

第二次世界大战后，马里人民要求民族独立的斗争日益高涨。1945年莫迪博·凯塔和马马杜·科纳特组建苏丹联盟党，积极领导马里人民争取民族独立的斗争。经过长期的反对殖民主义争取民族解放的正义斗争，马里于1956年获得在法兰西联邦内“半自治共和国”的地位。1958年11月马里成为“自治共和国”，定名为苏丹共和国。莫迪博·凯塔出任政府总理。1959年4月，苏丹和塞内加尔组成马里联邦，选举莱奥波德·桑戈尔为联邦总统，莫迪博·凯塔为总理。1960年8月联邦解体。同年9月22日，苏丹联盟党召开特别会议决定宣布独立，退出法兰西共同体，改国名为马里共和国，凯塔出任共和国首任总统。

20世纪90年代初，在世界多党民主制浪潮的影响下，马里的政局也发生变化。1991年3月，执政23年的特拉奥雷政权被推翻，以阿马杜·图马尼·杜尔中校为首的马里救民过渡委员会，执掌过渡时期国家最高权力。杜尔承诺“还政于民”，并于4月1日颁布过渡时期“基本法”，实行多党制。1992年1月举行全国公民投票，通过新宪法。3月举行立法选举，产生新议会。4月举行总统选举，非洲团结正义党主席阿尔法·乌马尔·科纳雷当选总统，成为马里第一位自由选举产生的总统。2002年5月在马里新的一轮总统大选举中，独立候选人阿马杜·图马尼·杜尔将军击败竞争对手获得胜利，当选为马里共和国总统。

自独立以来，马里政局比较稳定，对外关系采取灵活、务实的政策，从东西方世界获得大量援助，社会经济稳步发展，人民生活水平逐步提高。但是，由于气候炎热、自然环境比较恶劣，加上经济基础薄弱、外债沉重，马里仍然是世界上最不发达的国家之一。

本书是中国社会科学院重大科研项目《列国志》的子项目的研究成果，是一本全面反映马里共和国历史、地理、政治、经济、军事、科教文卫、外交等方面发展概况的工具书。在撰写的过程中，作者尽可能地遵守中国社会科学院统一拟订的《列国志》编写大纲，当然，根据文献资料情况对部分章节也作过某些调整。比如，“军事”部分因为资料比较欠缺，没有单独设为一章，而是并入“政治”一章之内。本书的定位是有一定学术性的工具书，所以，笔者在写作过程中，尽可能全面地搜集资料，经过自己的精心取舍，力求将马里共和国的最新情况展现在读者面前。尽管作者是这么考虑的，但是由于国内条件的限制，所以本书在资料的引用方面仍然存有缺憾。

本书于2002年12月立项，2005年3月完成初稿写作。2005年4~6月完成本书的第一次修改，8月审稿会之后，作者又对书稿进行了较为全面的修改和补充。书中资料一般截止到2002年，部分资料延伸到2005年。

张忠祥

2005年11月

第一章

国土与人民

马里共和国（The Republic of Mali，简称马里）原称苏丹，1960 年 9 月独立时改为现名。关于马里国名的来历有两种说法，其一，马里一词为曼丁哥语“河马”的意思，历史上，流经马里的尼日尔河中栖息着许多河马，以此兽名为国名，象征国力强大，繁荣昌盛；其二，1240 年马里王国迁都尼阿涅，人们把尼阿涅称为马里，此处马里一词是“国王居住之地”的意思。

第一节　自然地理

一　地理位置

马里位于西非尼日尔河中上游、撒哈拉沙漠西南缘，是一个内陆国家。地处北纬 10°19′～24°42′，东经 4°16′～西经 12°10′之间。国土东西长约 1800 公里，南北宽约 1650 公里，总面积为 124 万多平方公里，[1] 其中陆地 122 万平方

① *Africa South of the Sahara 2002*, London, the Gresham Press, p. 621.

公里，水域2万多平方公里。马里边界线长7243公里，它东邻尼日尔，边界线821公里；南接布基纳法索、科特迪瓦和几内亚，边界线分别为1000公里、532公里、858公里；西界塞内加尔和毛里塔尼亚，边界线分别为419公里、2237公里；北面与阿尔及利亚接壤，边界线为1376公里。

二　行政区划与主要城市

截至2004年，马里全国划分为1个中央直辖区，8个大区，46个省，285个县。1个中央直辖区和8个大区分别是：

巴马科（Bamako），系马里首都，在此设立中央直辖区，人口101.6万（根据1998年人口统计，下同）；

锡卡索（Sikasso）大区，人口178万，首府锡卡索有11.4万人；

塞古（Segou）大区，人口167.9万，首府塞古有9.1万人；

库利科罗（Koulikoro）大区，人口156.6万，首府库利科罗有7.4万人；

莫普提（Mopti）大区，人口147.5万，首府莫普提有8万人；

卡伊（Kayes）大区，人口137.2万，首府卡伊有6.7万人；

通布图（Tombouctou，旧译廷巴克图）大区，人口46.2万；

加奥（Gao）大区，人口39.8万，首府加奥有5.5万人；

基达尔（Kidal）大区，人口4.2万。[①]

马里的主要城市除首都巴马科外，还有通布图、杰内等。

巴马科　巴马科是马里的首都和全国最大的城市，全国政治、经济、文化中心和交通枢纽。位于西南部，坐落在尼日尔河

① *Africa South of the Sahara 2005*, London, the Gresham Press, p. 706.

上游西北岸，地处热带草原区。宽阔的尼日尔河从城市的南面静静地流过，城区的北面是青翠的山峦，市区终年绿树成荫，鲜花盛开，风景秀丽。“巴马科”一词在班巴拉语中意为“鳄鱼河”。500多年前，这里河中鳄鱼成群。

巴马科，约建于1650年，曾是马里王国的中心区域，在相当长的时间内它一直是撒哈拉商道贸易主干线上的货物集散地。1883年，法国殖民者占领马里后，巴马科逐渐由一座商业城市变成为法属苏丹的首府。1904年同塞内加尔首都达喀尔相通的铁路修成后，发展迅速。1960年马里独立时定为首都。

今天的巴马科已经成为市面繁荣、风景秀丽的现代化城市。一座1200米长的大桥跨越尼日尔河，将市区的南北两部分连接在一起。大桥以北有以刚果民族英雄卢蒙巴命名的自由广场，还有独立大道、国家图书馆、清真寺、友谊宾馆、非洲发展银行和政府机关等。桥南是使馆区和一片片新建的住宅区。登上城西北的库鲁巴山（约海拔480米），可以饱览巴马科市的秀丽风光。库鲁巴山曾是法国总督府的所在地。现在，总统府、外交部、计划部、卫生部等国家机关都设在这里。市区的国家艺术中心馆里，陈列着马里历史上许多珍贵的文物，同时展出牙雕、木雕、角雕、鳄鱼皮袋、金银首饰等工艺品。

巴马科是马里的文化中心。高等师范学院、国家艺术学院、工程师学校等大专院校和全国最大的医院都设于此。

通布图　通布图，旧译廷巴克图，位于撒哈拉大沙漠南缘，尼日尔河中游北岸，距巴马科907公里。是马里的一座著名的历史、文化和宗教名城，有“苏丹的珍珠”、“沙漠之都”、“荒漠中的女王”之称，现为通布图大区首府。它与杰内古城和多贡的邦贾加拉陡崖并称为马里三大世界文化遗产。

通布图为1087年（另一说1100年）由图阿雷格人所建。图阿雷格人是非洲著名的游牧民族，在漫长的历史岁月里，常年往返于阿鲁万纳和尼日尔河沿岸之间。当年图阿雷格人每逢旱季，南下来到通布图所在地的一口水井旁，围着水井安营扎寨，雨季时便返回北方。久而久之，这里发展成为一个城市。图阿雷格人的这口古老水井迄今依然保留着，供游人参观。因其地理位置良好，该城发展迅速，不久即成为南部黑人和北部阿拉伯人交换商品的中转站。从14世纪中叶起，通布图相继成为马里王国和桑海帝国的重要城市。在桑海帝国的阿斯基亚王朝时期（15世纪末到16世纪中叶），通布图发展到顶峰，成为西非乃至阿拉伯世界的文化和宗教中心之一。当时人们在这里交换北方生产的丝绸、香料、盐、铜和锡以及来自南方的象牙、黄金、鸵鸟毛和奴隶，全城人口有10万之多。城里有两所大学和180余所教授古兰经的学校。供驼队商人过夜的旅店鳞次栉比，还有许多诗人、学者和各种手工艺人。近代，西方殖民列强对非洲内陆探险时期，通布图曾经是一个主要的目标，法国曾悬赏1万法郎，奖励首先进入通布图，并绘下该城地图的探险家。16世纪末期，摩洛哥人侵入，该城开始衰落。1893年法国殖民者占领后更加衰微而一蹶不起。

在撒哈拉南部地区，通布图最早皈依伊斯兰教。市内历史遗迹多为伊斯兰和阿拉伯文化遗存。最著名的建筑是穆萨清真寺，建于马里王国著名国王曼萨·穆萨执政时期（1312～1337），后经重修扩建而成为一座著名的伊斯兰建筑群。它由2座宣礼塔和3座内院共同组成，2座宣礼塔中较高的那座是市内最高的建筑。清真寺墙面呈深黄色，上面装饰有各种图案和浮雕，并刻有许多经文。寺内东西向有8排立柱，南北向有25排立柱，立柱林立，殿堂宏伟，尖塔高耸，呈现出精湛的伊斯兰教建筑艺术。建于14世纪末期的桑科尔清真寺是通布图另一座著名建筑。在寺中耸立着一座装饰精巧的宣礼塔。16世纪时这里是伊斯兰学者学习、研究的重要场所，数以万计的来自阿拉伯世界和其他地区的成千上万学者在这里研究《古兰经》，以及文学、法学、历史、地理和星象学。通布图因保存着许多伊斯兰教和阿拉伯文化遗址，如著名的通布图大清真寺，已经被联合国教科文组织列入《世界文化与自然遗产保护名录》。

今天的通布图人口 1 万余人，极盛时期曾达到 4.5 万人，城市除了几条新修的柏油路外，建筑大致保持了 15 世纪的原貌。弯弯曲曲的砂石街巷从城市中心的清真寺向外延伸。津加里贝尔清真寺的金字塔状的平头光塔在市区以外也清晰可见，已成为城市一道景观。居民住房为木石结构，多为两层，大门上装有门环和门钉，并且装饰着五颜六色的钢质图案。市内有肉类加工、食品加工等工业，郊外有航空站。

杰内 杰内（Djenne）距巴马科 567 公里，是马里南部地区的一座历史和文化古城，位于尼日尔河三角洲最南端，坐落在尼日尔河支流巴尼河左岸。这个地区自公元前 250 年开始就有人居住，杰内古城正式建立于公元 765 年。从 9 世纪开始，杰内古城在黄金贸易以及苏丹地区其他商品贸易中发挥了重要作用。14 世纪起，先后成为马里王国和桑海帝国的重要城市，是当时的伊斯兰学术中心之一，对伊斯兰教在西非的传播起着极为重要的媒介作用。在发展的极盛时期，居民达到 5 万人，并以其灿烂夺目的伊斯兰文化和风靡一时的摩尔式建筑闻名于阿拉伯世界和西部非洲。15 世纪和 16 世纪是杰内古城的繁荣时期。16 世纪末期，摩洛哥人侵入，该城开始衰落。1893 年该城被法国殖民者攻陷。

古城景色优美，碧绿的巴尼河缓缓流过市区，市内沟渠纵横，小桥卧波，流水潺潺，各式建筑被掩映在高大挺拔、郁郁葱葱的芒果树、棕榈树、香蕉树丛中，鲜花茂盛，芳草如茵，向人们展现出一派热带水乡泽国的景象。

城内的古建筑约有 2000 座，都被完好地保存下来。杰内古城建筑风格统一，是苏丹建筑艺术的代表。用灰泥涂抹的捣实土块，是它常用的建筑材料。画有装饰的壁柱、筑雉堞以及护墙构成主要的建筑风格。杰内建筑的代表是古城中央的那座1907～1909年按15世纪苏丹建筑风格重建的杰内大清真寺。这是一座典型的萨赫勒—苏丹式建筑。这座高11米、周长56米的建筑物除了排水管和通气孔外，没有一砖一石，全部用一种特别的黏土和树枝修建而成。寺院占地6375平方米，建筑面积3025平方米。100根粗大的四方体泥柱支撑着祈祷大厅屋顶，屋顶上开有直径10厘米的104个气孔。寺门宽厚高大。寺院主墙由3座塔楼组成，塔楼之间有5根泥柱相连。整座寺院融撒赫勒建筑风格和苏丹建筑艺术于一体，结构新颖，式样独特。

杰内的民居也颇具特色，在每个方形院落内居住着数户人家，院墙用泥涂抹。院落中央有一公共场院，所有住户的两层平顶居室无一例外地开向中心场院。院子有一个出口，出口的木制大门上装饰有粗大的铁钉。杰内以其朴素无华、适用大方的建筑风格享誉西部非洲。

今天，仍然保留着古老文化传统和独特建筑风格的杰内古城，被联合国教科文组织列入《世界文化与自然遗产保护名录》。

莫普提 它是20世纪60年代蓬勃发展起来的马里主要城市，距巴马科640公里。1960年人口为1.5万人，1975年为5万人，[①] 2004年为11.55万人。[②] 莫普提号称“马里的威尼斯”，它位于巴尼河右岸、巴尼河和尼日尔河交汇处的三座岛屿上，由长4.5公里人工修筑的堤坝把它们连接起来。城市中心是商业区，东部是行政区，西部是住宅区。另有一条长12公里的大堤从莫普提通往塞瓦雷，从而与巴马科——塞古公路相通。莫普提

---

① 〔苏〕拉钦科等著：《马里共和国》，商务印书馆，1981，第21页。

② *The Economist Intelligence Unit Limited*, 2004, p. 3.

市是莫普提地区的政治、经济和文化中心，它是马里重要的货物集散地，来自四面八方的货物在这里汇集，然后再转运到其他地区。在一年中的绝大多数时间里，莫普提的河港都呈现出一派繁忙的景象。渔业生产最著名，它是马里“渔都”。主要商品有鱼、牲畜、大米和手工业品等。

莫普提的传统住宅颇有特色，房子是方形的，用“班科”（一种黏土、水和谷草的混合物）泥灰砌成，上面是露台式的屋顶，又用“班科”泥灰砌起有孔眼的栏杆。大门有檐，有壁柱，有雉堞一样的装饰。

莫普提清真寺位于莫普提市，用当地特有的材料以传统风格建筑。透过它朴实无华的建筑风格，可以看出西非穆斯林的古朴精神，西非最大的尼日尔河的潺潺流水，更增添了莫普提清真寺纯洁清秀的风采。

塞古 塞古位于马里西南部，尼日尔河中游南岸，距巴马科235公里。17~19世纪时是邦巴拉王国的首都，1712~1755年间最为繁荣，是西非伊斯兰教的重镇。19世纪中叶，此地是英国探险家考察尼日尔河流域的必经之处。

沿尼日尔河右岸扩展的美丽街市外有公园环绕，水路测量所也在此地。郊区肥沃的灌溉田地栽种有稻米、棉花、花生等，均运送至市内加工后出口。有铁路与首都巴马科相连，也有机场。

加奥 马里东部古城，现为加奥大区首府。位于巴马科东北950公里的尼日尔河中游北岸。加奥始建于7世纪，11世纪成为桑海帝国的首都。1325年被马里王国著名国王曼萨·穆萨征服。1337年被马里征服者掳去的两位桑海王子，成功地返回加奥，重建桑海帝国，并定都加奥。桑海帝国阿斯基亚执政时期（1493~1528），加奥发展到极盛期，为当时西部非洲最大城市。16世纪末遭摩洛哥军队破坏。现今的加奥是后来重建的。城区林荫大道从东向西直抵尼日尔河岸，整个城市整洁幽静，有

“沙漠明珠”之誉。加奥的古迹主要有马里王国曼萨·穆萨时代修建的清真寺祈祷厅阶梯，桑海帝国阿斯基亚大帝的陵墓等。今天，加奥是马里中部的交通要冲，经过尼日尔河与首都巴马科相连，并设有机场。

卡伊 卡伊位于塞内加尔河河畔，距巴马科 598 公里。这里号称是地球上最热的地方之一。由于每年 8～10 月，海轮可以溯塞内加尔河直抵此地，所以，当年殖民主义势力向西非内地深入时，曾经以卡伊为基地。卡伊曾做过法属苏丹殖民地的首府。卡伊地理位置重要，再加上卡伊——巴马科铁路的兴建，它很快成为这块殖民地最大的贸易中心和货物转运中心。后来，殖民统治中心移到巴马科后，卡伊的重要性才下降。目前，卡伊仍然是马里西部的经济中心和贸易中心。

锡卡索 锡卡索位于森林萨瓦那地区，距巴马科 374 公里。这里地势高，自然景色美。它是锡卡索大区首府，又是马里南部的经济中心。此地盛产菠萝和香蕉。市内有小型火力发电厂、轧棉厂和碾米厂。距锡卡索 25 公里处，有中国援建的茶园和茶厂。由此经过的公路，把马里同它南部各邻国联结起来。2004 年，锡卡索有居民 12.79 万人，[①] 成为马里仅次于巴马科的第二大城市。

三 地形特征

马里地形好像两个不很规则的三角形对顶组成，东北和西南两面宽阔，中部是两个顶角的连接处，比较狭窄，形状像一把巨斧。马里有浩瀚的沙漠，辽阔的平原，同时点缀着少量丘陵、山地和高原。海拔高度在 25 米至 1155 米之间。沙漠约占全国总面积的 60%，平原占 30%，丘陵、山地和高原

① *The Economist Intelligence Unit Limited*, 2004, p. 3.

占 10%。

马里全境主要由塞内加尔河上游盆地、尼日尔河中游和撒哈拉沙漠的一部分组成。沙漠横跨北部地区。中部是大平原。西南部分为富塔—贾隆高原和几内亚高原的延伸部分，海拔 300~500 米，高原边缘多陡崖、深谷和瀑布。东南部为几内亚高原的延伸部分，有低矮丘陵，海拔 300~500 米，洪博里（Hombori）山海拔 1155 米，为全国最高峰。东部是班迪亚加拉（Bandiagara）高原，最高点海拔 1000 米，东北部是撒哈拉阿哈加尔山脉延伸出来的阿德拉尔—伊福拉斯高原，海拔 400~500 米。

四 河流与湖泊

马里境内有两大水系，即尼日尔河（the River Niger）和塞内加尔河（the River Senegal）。这两条河流均发源于几内亚的富塔—贾隆（意为“河流之父”）高原。两河流域是马里农牧业集中的地区。

尼日尔河自西南入境，经巴马科向东北流去，至沙漠边缘加奥地区的布雷姆折向东南，经尼日尔和尼日利亚流入几内亚湾，全长 4200 公里，它的长度在非洲居第三，仅次于尼罗河和刚果河，它在马里境内的长度约有 1780 公里，占流域全长的 42%。尼日尔河支流纵横，灌溉万顷农田。尼日尔河蜿蜒曲折，各段河流的宽度与深度相差很大，河床也不一样，有的河段河床是石质，有的是沙质。按一般划分，巴马科和库利科罗中间的索图巴险滩以上为尼日尔河上游，这一段河谷狭窄，地势险峻，两岸陡壁，河床石质，多急流、险滩，不便通航，只在雨季可以通行汽轮，但蕴藏着丰富的水力资源。索图巴险滩以下是尼日尔河的中游，河水流淌在稍有起伏的平原上，河床加宽到 1~2 公里。中游河道水面较宽，河床沙质，便于航行。在莫普提附近，尼日尔河接纳了它在马里境内的最大支流——巴尼河。这条河是由巴戈埃河（白河）、巴乌莱河（红河）和巴尼芬河（小黑河）等3条河汇流而成的。从马西纳到迪雷有很多水量大的支流、湖泊以及岛屿，构成非洲西部著名的尼日尔河内陆三角洲，三角洲长约450公里，宽约130公里，面积达3万平方公里，这里是西非地区屈指可数的鱼米之乡和天然牧场。从通布图起，尼日尔河流向正东，到托萨埃险滩附近它急转东南。从这里起就是尼日尔河的下游河段。尼日尔河既可以用于灌溉，又是马里重要的水上运输大动脉。

塞内加尔河是由巴芬河和巴科伊河及其支流在巴富拉贝（意思是“河流汇合处”）附近汇合而成的。塞内加尔河上游有很多急流和瀑布。卡伊附近有两大风景秀丽的瀑布，即费卢瀑布和圭纳瀑布。卡伊以下急流少了。自卡伊以下不远处，科林比内河汇入；再往下，又有卡拉科罗河注入。它的上游左支流法莱梅河构成马里和塞内加尔的国界线。塞内加尔河经卡伊进入塞内加尔境内，向西流入大西洋，全长1680公里，在马里境内约669公里，流域面积占总流域面积的40%。

马里的河流多瀑布、急流和险滩。塞内加尔河有费卢瀑布和圭纳瀑布，尼日尔河则有索图巴、凯尼耶、特塞耶、拉贝尚加等瀑布。

五　气候

马里大部分地区位于热带，一小部分位于亚热带，是一个典型的大陆性炎热干燥的国家。全年高温，年平均气温28～29℃，最冷的1月份平均气温也不低于20℃；夏季气温最高达55℃，是世界上最热的国家之一，素有“世界火炉”之称。全年分为3个季节：热季（3月至5月）、雨季（6月至10月）和凉季（11月至次年2月）。凉季最低气温为13℃。全国年平均降水量700毫米左右，其特点是由西南向东北渐次递减，从1300毫米降至50毫米。首都巴马科12月至次年1月几乎无雨。8月雨水较多，平均降雨量为220毫米。

马里的气候大体可分为4种类型，即撒哈拉气候区、撒赫勒气候区、苏丹气候区和南部森林气候区。

北部的撒哈拉气候区属热带沙漠气候，这里炎热干燥少雨，年降水量仅50～150毫米，个别年份在有些地区终年无雨。年温差和日温差都很大，通常白天骄阳似火，夜间却又相当凉爽，昼夜最大温差可达50℃。干燥的东北风常刮得沙土弥漫。在浩瀚的沙漠里，散落着一些绿洲。撒哈拉气候区的面积约占国土的一半，荒漠带的年降水量不足50毫米，植物极其稀疏，缺乏人类生存的条件。在半荒漠带（年降水量在50～150毫米）植物也非常贫乏，只有零星的耐旱禾本科植物和稀疏的带刺灌木。只有个别地区可以放牧骆驼、山羊和绵羊。

撒赫勒气候区，大体位于北纬15°～17°之间的中部地区。大约占全国面积的15%，是荒漠区和苏丹区的过渡地带。“撒赫勒”一词是从阿拉伯语音译过来的，原意是“岸”，这里是指“荒漠边缘”之意。这里雨季有2～4个月，年降水量由北往南从150毫米递增到600毫米。昼夜温差较大。它的北部（年降水量在300毫米以下）植物很稀少，地面相当光秃。它的南部（降水量为300～600毫米）有一些季节性河流，沿河两岸分布着肥美的牧场。撒赫勒气候区是游牧和半游牧区，畜牧业是当地居民的主要生活来源。

南部的苏丹气候区属热带草原气候，6～10月为雨季，它的北部年降水量为600～800毫米，南部则为800～1200毫米。是马里主要的农业区，可以种植各种农作物，以小米和高粱为主。

南部森林区，与几内亚和科特迪瓦为邻。这里是马里最湿润的地区（年降水量1200～1500毫米），植物种类繁多，植被稠密，盛产热带水果。

第二节 自然资源

一 地质构造

从地质构造来看，马里属撒哈拉台地的一部分。它由两个构造层，即基底和盖层组成。基底主要由元古界深厚的地槽型沉积物组成。由于元古代末期巨大的褶皱运动，致使元古代以前的古老地层发生了强烈的褶皱。基底褶皱走向多为东北—西南，也有西北—东南走向的。盖层由古生代—新生代浅海相、滨海相及陆相沉积物组成，厚度大于2000米。

马里的地质构造包括两个地盾和一个凹陷。西部和南部边境地区是尼日尔地盾的一部分，东北部的阿德拉德济福腊高原，则属于奥加尔地盾的一部分。两个地盾之间，为古生代至新生代的陶代尼凹陷。在凹陷中沉积了古生代至新生代的砂岩、石灰岩、白云岩、页岩和砾岩，这些岩层组成了盖层。

总之，马里的地质构造比较简单，除元古代末期巨大的褶皱运动外，之后再没有明显的褶皱运动，只有升降幅度不大的震荡运动。

二 矿物

马里的矿产资源较为丰富，其地下矿脉呈非均匀分布，大都集中在以下两大地区：（1）从卡伊到锡卡索的西南部地区，面积约1200平方公里。该地区基本上是由西非稳定地块基底的结晶岩构成，有大量含金、钻石、铜、铁、铝土、锂、石灰石、重晶石的矿脉分布。（2）从安松高到特萨利特并包括库尔马一带在内的东部地区。该地区基底由阿德拉尔西部结晶体及布勒地垒结晶体和第三纪沉积构成，含有锰、铜、锌、铅、金、铀、稀土、磷酸盐、煤和油页岩。

已探明的主要矿产资源的储量：黄金600吨；铝矾土12亿吨，矿石中三氧化二铝的含量为43.71%，主要分布在西南部地区；磷酸盐2000万吨，集中在东北部地区；硫酸钠1.98亿吨，主要在陶德尼地区；钙芒硝3.36亿吨，主要在陶德尼地区；铀5200吨，主要在加奥、凯涅巴地区；锂矿400万吨，主要在布古尼地区；石膏4亿吨，主要在陶德尼地区。此外，还有岩盐5300万吨，铁5亿吨，锰1000万吨，石灰石2180万吨，大理石1000万吨。

2005年马里的矿产勘探有了重大突破。2004年澳大利亚巴拉卡（Baraka）公司与马里签署了对马里北部陶德尼沉积岩盆地中第1、2、3、4和9区块的油气资源进行勘探开发的协议。经过一年的勘探，已初步查明陶德尼盆地的石油开采量可达210亿桶。[①] 这一发现对马里是很有意义的，因为马里每年都要花费大量外汇进口石油制品。

除以上探明的矿产外，有许多迹象表明马里其他地区也有钻石、铀、铜、锡、镍等矿产。

三 植物

马里地处西非中部，除最北端外，全境均属热带，但南北植被差异悬殊，北部为撒哈拉大沙漠，南部为稠密森林，中间为两者的自然过渡带。马里植被最显著的特征是其分布的纬度地带性规律，自南向北，植被类型从湿润、半湿润向半干旱、干旱类型逐渐过渡。

在北部的荒漠地区，植被极度贫乏。生长在这种地方的主要是旱生灌木和半灌木（各种刺槐和羊蹄甲）以及耐旱禾草（三

① http://ml.mofcom.gov.cn/aarticle/jmxw/200510/20051000679450.html

芒草）。在荒漠中，很多植物只有依靠快速生长才能生存。暴雨一来，种子发芽，花很快开了。但这些植物最多只能存活几个星期。

草原地带有木棉树、猴面包树、姜果棕、小果厚皮树、胶风车子等代表树种。

木棉树是马里重要的经济林之一。有一种叫“谢伊巴”的木棉树，枝叶繁茂，又有板状的附属根；另外还有一种“起棱邦巴克斯”的木棉树，比前一种木棉树稍微小些，树干上有刺。在硕大的椭圆形果实的内壁上形成木棉纤维。这种纤维可以做褥垫芯和枕头芯，还能用来制造救生圈以及作为隔音材料。木棉是马里传统出口商品。猴面包树（Adansonia digitata）是草原地带最高大的树，这种树的高度可达20多米，树干直径粗达数米，树皮纤维可以制绳、织布，果子为猴子的食物，故名。

马里中部典型的树种有浅色树叶和带刺的相思树属，高2～4米的塞伊耳相思树性喜有黏土的低地，在那里常形成稠密的丛林。在多刺灌木中最典型的是非洲没药，高3～5米，树干短，呈圆锥状，基部粗大。

在马里主要经济林和用材林中，就其经济价值来讲，占第一位的是卡利特油果树。卡利特油果呈淡绿色、椭圆状，大小同大个的李子差不多，每只含1～3个坚果不等，每个坚果里含有一个核，每个核含油率45%～55%。这种树具有多种工业用途，卡利特油可以用来造人造黄油、蜡烛和肥皂，也能作化妆品、药品和照明物。卡利特油果树还是上等的建筑材料和燃料。马里卡利特油果产量高于西非任何地区。卡利特油果树性喜高温与适中的雨量，而不耐过度潮湿和海风。阿拉伯树胶树也是马里重要的植物，它所产的树胶性能优良，多用于制药、烹饪、纺织工业和制造颜料。这种树还能生产制绳和织网的纤维。马里的主要采胶区在北纬15°～17°的尼奥罗与通布图地区。木棉见于马里中部和南部，其果实中的纤维可用作填塞物及制造救生圈与隔音设备等。此外，还有木理树、沙树、麻树等。

四　动物

马里境内野生动物资源比较丰富。在北部沙漠地带不仅有四肢细长、体态轻捷、奔跑如飞的人们所熟悉的羚羊，还有“阿达克斯”大羚羊、体形较小的“多尔卡”瞪羚，以及猎豹、野羊、狒狒和蛇类等。在撒赫勒地带有直角大羚羊、“达马”瞪羚、长颈鹿、疣猪、鸵鸟、红猴，以及狮、豹、胡狼、狐、鬣狗。在苏丹地带有大羚羊、小羚羊、象、狮、豹、犀牛、猴、野兔等。这一地带有一种称为“王羚”的特大型羚羊，体重达300公斤。马里的鸟类不少，种类也很多。河湖沿岸有大量的鹬、鹅、鸭，还有鹭、朱鹭、鹤、鹳、白鹭、苍鹭。肉食鸟类也很多，如兀鹰、大鹫等。

马里的河流与湖泊里，盛产鱼类。尼日尔河内河三角洲是一个天然渔场，鱼群密度是世界上别的内河所少见的。其中以号称“船长”的尼罗鲈鱼最为名贵，这种鱼一般重10～20公斤，个别达100公斤。马里鲑鱼也驰名国内外。此外，在尼日尔河与塞内加尔河的急流和险滩中常可看见河马成群。

第三节　居民与宗教

一　人口

独立以来，马里人口增长较快。1960年马里人口只有380万，1975年增加到620万，2000年达1140万，2004年为1340万。1975～2000年间马里人口增长率为2.4%，2000～2005年人口增长率为3.0%。城市人口在总人口中所占的比例由1975年的16.2%提高到2000年的30.2%，2004年为32%（见表1-1）。预期寿命由1970~1975年间的42.9岁提高到1995~2000年间的50.9岁。5岁以下儿童死亡率由1970年的221‰下降到2000年的142‰。成人识字率由1985年的19.2%提高到2000年的41.5%；青年识字率由1985年的34.9%提高到2000年的66.3%。

表1-1 马里人口指标（2004年）

人口(百万)	13.4
人口增长率(%,2000~2005)	3.0
15岁以下的人口(占总人口的%)	47.0
性别比例(每百名女性比男性)	98
城市人口(占总人口的%)	32.0

资料来源：The Economist Intelligence Unit Limited 2004 Mali，p.12。

马里地广人稀，1999年的统计，其人口密度为每平方公里8.8人。[①] 全国人口的70%以上居住在尼日尔河沿岸，两岸5~6公里宽的狭长地带，人口密度每平方公里多达50人左右。在北部，人口稀少，在半荒漠的东北游牧区，雨季时人口密度每平方公里只有5~6人，干季则人迹罕至。广大沙漠地区，人烟更为稀少，有些地区就根本无人居住。

以1999年为例，马里人口的有关指标分别为：人口总数为1001.7万，其中男性489.8万，占人口49.9%，女性511.9万，占人口50.1%；城市人口292.2万，占总人口29.2%，农村人口709.5万，占总人口70.8%；15岁以下的少年儿童占48.7%，15~64岁的青、壮年占47.4%，65岁以上的老年人占3.9%。

① *Africa South of the Sahara 2002*, London, the Gresham Press, p.616.

二 民族

马里是一个多民族的国家。全国共有23个民族，其中人口在10万人以上的民族有：班巴拉族（Bambara），约占总人口的34%；颇耳族（Peul），约占总人口的11%；塞努福族（Senoufo），约占总人口的9%；萨拉考列族（Sarakole），约占总人口的8%；桑海族（Songhai），约占总人口的6%；马林凯族（Malinke），约占总人口的6%；图阿雷格族（Touareg），约占总人口的6%；多贡族（Dogon），约占总人口的5%；博博族（Bobo），约占总人口的2%；阿拉伯族（Arabe），约占总人口的2%；迪亚瓦拉族（Diawara），约占总人口的2%。①

马里的民族虽然比较多，但从人种来看，90%以上的马里人属苏丹尼格罗人种，而只有图阿雷格人和阿拉伯人属于高加索（亦称欧罗巴）人种的地中海型。黑色人种主要定居在中部和南部地区，其他人种多在马里北部地区过着游牧和半游牧的生活。

班巴拉族是曼丁哥族的一支，它是马里人口最多的民族，约占全国总人口的34%，散居于全国大部分地区，主要居住地在尼日尔河内陆三角洲和巴马科一带，多从事农耕。

马林凯族与班巴拉族一样都属曼丁哥人，主要居住在西部和西南部，尼日尔河和塞内加尔河流域。主要种植水稻，并有悠久的种植棉花的历史。马林凯人的祖先曾创建过历史上强大的马里帝国。班巴拉族和马林凯族是西非比较富有耕作经验的民族，他们继承了西非传统的耕作习惯，一向经营农业，特别是马林凯人谙熟水稻栽培技术。

---

① 引自中华人民共和国外交部网站。

颇耳族（又叫富拉尼族或富尔贝族）主要分布在尼日尔河中游地带。大多居住于尼日尔河流域巴马科和莫普提之间地带，他们的人口数量仅次于班巴拉族。颇耳人是游牧和半游牧民族，长期以来一直经营牛羊放牧和饲养。每当尼日尔河河水泛滥季节，他们放牧着成群牛羊迁往沙漠区，而在河水退却以后，又驱赶畜群归来，具有游牧民族的特色。

桑海族主要居住在尼日尔河内陆三角洲以及沿岸通布图、加奥一带高地，大多经营农业、渔业，部分经营商业。

图阿雷格族是柏柏尔人的后裔，主要分布在萨赫勒地区和东北部阿德拉尔—伊福拉斯高原地区，部分游牧于撒哈拉沙漠中。主要从事游牧和半游牧业，部分从事农牧混合经济，有的还兼营骆驼运输，从事沙漠地带陶代尼地区的食盐运输。

多贡族据说是最早居住在马里的民族，主要居住在马里南部莫普提市以东的多岩石的邦贾加拉山区，善于用小块地种庄稼。他们多在山区悬崖陡壁旁侧修筑房屋。

迪亚瓦拉人一部分是商人，另一部分以种植花生、稻谷、粟类为生。

三　语言

马里的各民族都有自己的语言，但无文字。官方语言为法语，通用于上层人士和知识分子中。

各民族所使用的语言可以划分为 7 个语系，即塞米特语系（Semite）、哈米特语系（Hamit）、泰克卢尔语系（Tekroure）、桑海语系（Songhai）、曼德语系（Mande）、塞努弗语系和沃尔特语系（Volta）。北部地区的摩尔人和图阿雷格人操哈米特语系的泽纳加语（Zenaga）和塔马切克语（Tamachaq），尼日尔河流域的富拉尼人和加伊地区的图库勒尔人操泰克卢尔语系的普拉尔语（Poular）。莫西人和博博人操沃尔特语，马林凯人、班巴拉人操曼德语系的两个基本变体。班巴拉语应用范围最广，可在马里 70% 以上的人口中通用。

四　宗教

马里 80% 的居民信奉伊斯兰教，18% 信奉传统宗教，2% 信奉基督教。①

马里人民大多信奉伊斯兰教。班巴拉、马林凯、图阿雷格、颇耳、迪亚瓦拉、桑海等民族大部分是虔诚的伊斯兰教徒，他们居住的地区，几乎村村、镇镇都建有清真寺。伊斯兰教在马里传播的历史较久，早在 11 世纪中叶，柏柏尔人通过经商，逐渐向马里传入伊斯兰教。14 世纪初期，马里国王坎戈 · 穆萨朝圣麦加回来，曾在加奥和通布图两地分别建立较大的清真寺。后来，通布图等地成为西非伊斯兰教的中心。至今，马里城乡各地穆斯林都经常参加宗教活动，政府机关中工作的穆斯林每天按时停止工作进行膜拜、祈祷，农民中的穆斯林每日向东方膜拜，膜拜之前，还要洗手洗脸。除经常性宗教活动外，伊斯兰教每年还有固定的节日和一个月的斋期。穆斯林的结婚、小孩取名、死人洗身和送葬等也都按宗教仪式进行。在马里传播最广的伊斯兰教是属于逊尼教派的马利克学派。

除伊斯兰教外，仍然有一些马里人保持着传统宗教观念。尤其是在南部和东南部塞努福、博索、多贡、班巴拉等族居住地区，当地居民流行多神崇拜，设有供奉多种神灵（其实是各种自然力的化身）的神堂。例如班巴拉人信仰一个叫“奔巴”的主神，这是大地的化身，它教人们种地，从事手工业劳动。在多贡人的很多神祇中，有一个叫“阿马”的神，它就是水神；另外，多贡人信仰的“勒拜”神是太阳与火的化身。此外，对祖

① *Africa South of the Sahara 2005*, p. 713.

先的崇拜也很流行。班巴拉人在专门的宗教组织“科莫”的领导下进行祖先崇拜的活动。“科莫”任命的长老有权决定村社里的重大问题，包括组织祭祀祖先的活动。每逢宗教节日，长老主持祭祖仪式。主要宗教仪式有“科莫年庆”（这时要跳有音乐伴奏的假面舞）和“首创仪式”等。

巴马科、加奥、锡卡索等地部分班巴拉、塞努福、博索人信奉天主教和基督教新教。这两种宗教在知识分子和上层官员中有一定影响。

第四节　民俗与节日

一　民俗

马里是个多民族的国家，在饮食、起居、服饰、婚葬喜庆等方面有着丰富的民俗习惯。

（一）饮食起居

马里人民一般都有用右手取食的习惯。吃饭时一家人就地围坐，以盘子做餐具。城市居民以大米为主食，农村居民以御谷、高粱为主食。

在马里，还有食白蚁和烤全驼的习俗。

在马里的田野、丛林，到处能看到小山丘般的白蚁窝。在南部的锡卡索一带，有的白蚁窝高达3米。在马里，白蚁不但可用来喂养家禽，还供人食用。油炸白蚁是马里的一大佳肴。马里人捕捉白蚁的方法很简单：在一个罐内放上几块牛羊骨头，把罐倒扣在蚁穴之上，一天之内就可捕捉一餐之需。

马里西北部地区居民喜爱一种叫“烤全驼”的佳肴。烤全驼是马里特有的风味，款待客人的佳品。一般只有在招待贵宾时，或在富裕之家的婚礼上，或在某些重大节日里，人们才备此佳肴。烤全驼有一套固定的程序：先将宰杀的全驼割去双峰，除去内脏，洗净，再将预先烤好的一只全羊放入驼腹，而羊肚内还装有烤好的一只全鸡，鸡膛中装有一只熟鸡蛋，然后封腹，把全驼架在干柴上烘烤。烤制者根据驼龄、驼体的不同掌握火候，保证驼肉外焦里嫩，鲜美可口。取食烤全驼时也是很有讲究的，鸡蛋由地位最高的宾客享用，鸡分给贵宾，羊归一般来宾，而驼肉是人人有份，甚至过路人亦可分享。

马里人民的居住条件比较简陋。城市中除富裕阶层拥有高级住宅和别墅外，一般市民的住房绝大部分是土筑平房。农村住宅以圆形或方形土墙茅草房屋为主，一般没有木制门窗装置。房屋的朝向以坐北朝南为主，大多没有对称轴线。依据民族习惯，各地房屋具有不同形式。富拉尼族和图阿雷格族聚集地区的房屋多为圆形，摩尔人大多营帐而居，多贡族则在山区悬崖陡壁旁侧，以石块垒砌房屋。在通布图地区，除了圆形土墙茅草房屋外，有的居民还建筑平顶方形和长方形土屋或带有晒台的泥坯楼房而居。农村住宅内部家具较少，居民多就地铺草或羊皮而卧。

（二）传统礼服“布布”

马里人民的衣着和服饰，具有自己独特的风格和习惯。除城市少数居民穿西服外，城乡人民一般选用民族服装。男子普遍穿用蓝、白等单色布料做成的阿拉伯式大袍（无领，长袖或无袖）或无领短褂、长裤。妇女大多喜穿色泽鲜艳、色彩分明、花形较大的短褂和围裙，一般头裹花巾，脚穿拖鞋，有的还戴首饰。

“布布”是马里各族人民的传统礼服。“布布”很像中国的长衫，不过比长衫更肥大。“布布”无领、肩宽、袖宽，两腋下开缝很大，等于将一块布对折，在折处中间挖一个洞作领口，将下边相对的两角缝在一起，形成一个两边开缝的圆筒。马里人身材高大，穿上这种“布布”显得威风凛凛，走起路来前襟后襟飘飘扬扬，四面生风，很适合马里炎热的气候。在一般比较正规的场合，马里人都要穿“布布”。一般说来，“布布”做工比较简单，但有的“布布”，特别是女用“布布”，做工则相当考究，领口、前胸、袖口以及腰带要镶边，并绣有美丽的图案。穿“布布”时，要上配毡帽，下配拖鞋。“布布”是一种传统的服装，现今的青年人已不太喜欢穿，小伙子们喜欢穿颜色鲜艳的汗衫和西装裤，姑娘们则往往上身穿紧身薄纱衫，腰下围一块布，形似筒裙。

（三）喜欢戴面罩的图阿雷格人

图阿雷格人，主要分布在北部沙漠和半沙漠地区。他们体魄强健，性格豪放，特别能够忍受炎热和饥渴，是撒哈拉沙漠一带著名的游牧民族。图阿雷格人喜欢穿肥大的衣服，男子上衣是一件白色大布褂，下穿蓝色棉布裤，外面再罩一件直接拖到脚跟的蓝色长衫。他们个个身佩短刀和长剑，胸前悬挂着一个护身符。这个民族最奇特之处是成年男子个个戴面罩。面罩是用长4米的黑色或白色宽条布缠绕而成。他们用面罩把整个头部都包裹得严严实实，只露出眼部的一条缝儿，即使在饮食时也不揭开。当他们会见外族宾客时，要防止让外人看到他们的口部。图阿雷格男子戴面罩的习俗可以追溯到11世纪，戴面罩不是为了抵挡大风沙，而是代表着一种信仰，为了防备一切鬼怪幽灵的袭扰。图阿雷格人另一引人注目的习俗是每逢节日或举行盛典时，不分男女老幼，所有人的装束一律改为蓝色。头上的面罩、内外衣裳都是蓝色的，就是皮肤和胡须也要用蓝靛染成蓝色。远望这参加隆重庆祝仪式的人群，就像一片蓝色的海洋。图阿雷格人以蓝色为贵，认为蓝色是神圣、富有的象征，蓝色代表的社会地位较高。

（四）发式

马里妇女很讲究发式。一般先将头发梳成无数条上下一般粗细的小辫子，再把辫子整理成不同的发型。民族、年龄不同，发式各有差异。已婚妇女往往以布包头。妇女们还特别注意装饰，手镯、脚镯、项链、耳环、鼻环都很讲究。最突出的是耳环和鼻环。有的耳环又大又重，不得不用一条细绳挂在头上，以减轻耳朵的负担。鼻环有两种：小鼻环套在鼻翼上；大鼻环夹在两个鼻孔中间。

(五) 染足、染牙龈

马里的黑人妇女把黑色看成是吉祥的、最美的颜色。因此，有用染料将手、足和牙龈染成黑色的习俗。

染足所用的染料是用当地叫“地阿比”即散沫花的树叶制成的。妇女将“地阿比”树叶采回晒干，舂成粉，加入少量水，把粉末调成糊状。睡觉前，将这种糊状的染料敷在脚掌部位，并用布包好即可。

染牙龈，是将采集的野椰类植物烧焦后研成粉，与乳油木脂调成糊状。然后用针把牙龈刺出血，把这种黑油抹在牙龈上，染料进入出血的伤口，伤口愈合后染料就固定在里面。

小伙子选择配偶，首先要了解姑娘是否具备染足、染牙龈的手艺。所以，当地的女孩从能自理生活时就向大人学习染技，谁染技高超，谁就会赢得更多人的爱戴和尊敬。

(六) 博罗洛人的选美比赛

生活在马里萨赫勒热带草原的博罗洛人是以游牧为生的。他们全部行装就是一顶帐篷和几囊水。他们的装束是腰缠羊皮，手持长矛。他们一年到头赶着羊群或者骆驼群在热带草原上放牧。每年的7月到9月，雨季中的草木返青，生机盎然，博罗洛人把牲畜驱赶到有咸味的草场放牧，称之为“咸疗”期。“咸疗”期既是牲畜饱餐的日子，也是博罗洛人欢聚的节日。博罗洛人这时会举行大型集会，实际上是一场体育竞技，也是一场选美比赛。男子为吸引女性和选美获胜，事先进行细心装扮。他们用鲜花和乳油木的油炮制的涂料抹在脸上作底色，然后开始彩绘脸谱，最后把头发梳得高高竖起。选美开始，男子个个头插鸵鸟毛，身穿漂亮服装，颈上挂着项链，腰间系着贝壳，足踝上系着响铃，按照长老宣布的竞技规则尽情地比赛歌舞，最后由妇女们推选出优胜者。选美的较量十分激烈，竞选往往要持续十几个小时，经过十多次的遴选。男性选美优胜者选中意中人，新结合的夫妇赶着畜群开始了新的生活。

（七）热情好客

马里人民热情好客。农村居民遇有贵客登门，全家男女集合恭候，或由家长亲自作陪。在接待客人时，主人往往请喝冷牛奶。送别客人时，村里有时赠送礼物。熟人相见时，马里人都要互致问候。他们打招呼的方式很别致，必须各自把一只手放在胸前，边走边问候，从不停步，直到背道走过去很远，问候的话仍没完没了，直到彼此听不清话音时才终止。这样长的问候，内容往往千篇一律，从生活问到身体，从本人问到所有家眷。[①]

马里人民喜爱舞蹈。每逢吉庆喜事、节日或迎接客人，都经常聚集在露天场地，用舞蹈活动以示庆祝。舞时有音乐或击鼓歌唱相伴，往往跳至深夜。

（八）婚姻习俗

马里目前仍存在氏族社会残余。在中部和南部邦巴拉和马林凯等民族中，普遍存在大家族制，有的村落具有几十人甚至上百人的大家庭。大家庭的家长掌握家庭的最高权力，他们一般不参加劳动，专门管理家庭的劳动收获、口粮分配、租税交纳、经费开支、婚丧嫁娶等事务。在信仰伊斯兰教的民族中，存在一夫多妻制，男子一般最多可娶四妻，结婚时男方须给予女方礼金。

在马里，婚俗中有三送柯拉果的习俗。

柯拉果是柯拉树结的果实。柯拉树原是生长在西非热带丛林中的一种野生果树，盛产于科特迪瓦、尼日利亚、几内亚和加纳

---

① 段宝林主编《世界民俗大观》，北京大学出版社，1989，第291页。

等国，马里也有栽培。有的柯拉树可高达数丈，每年9月至翌年1月开花，三四个月后果子成熟。柯拉果果质略硬，类似板栗。放进嘴里咀嚼，果汁苦涩，但咀嚼的时间长了，就会感到一股爽口的甜味，好像橄榄。由于果汁中含有丰富的可卡因，困倦时嚼上几个，能够提神醒脑。在传统的非洲医学中，柯拉果是一种极好的药品，同时它也是“可口可乐”饮料的重要成分。

在马里，柯拉果除供咀嚼提神和治病外，在社会生活中有着广泛的用途，并被视为与人们幸福紧紧相连的一种吉祥物，是男女青年婚恋的“媒介”物。根据当地传统，男子向女子求婚时要向女方三送柯拉果。当媒人受托带着10枚柯拉果和50马里法郎，去女方家里为小伙子求婚时，如果女方收下这些东西，即表示原则上同意接受男方的求婚。过十几天后，月老再次登门，带来20枚柯拉果和100马里法郎。在这段时间里，女方对求婚者的品行做了一番细致的调查，如果满意，就收下媒人第二次送来的东西。再过七八天，媒人第三次登门，这次带来30枚柯拉果和300马里法郎。如果姑娘及其父母不改初衷，就收下这份薄礼，作为订婚礼物。

二　节日

元旦：1月1日

建军节：1月20日

民主运动纪念日：3月26日

劳动节：5月1日

国庆节：9月22日

圣诞节：12月25日

此外，还有伊斯兰教的重要节日开斋节和宰牲节（又称古尔邦节）。

第二章

历　史

第一节　早期人类活动

马里是非洲历史悠久的文明古国。根据考古发现，早在史前时期，马里境内就有人类繁衍生息。考古学家在马里一些地区，主要在北纬13°以北，发现旧石器时代的原始人居住地、劳动工具、武器和其他物品。1927年，在马里古城通布图市东北400公里处的阿谢拉尔（Asselar）地区曾发现古人类遗骸，考古学家认为这里是公元前7000年人类的集聚地，在该遗址还发现有贝壳的碎片、鱼、鳄鱼和大型哺乳动物的骨骼，反映了当时人们的渔猎生活。

新石器时代的遗址分布于马里境内许多地区，包括尼奥罗(Nioro)、加奥、巴马科和布古尼（Bougouni）等地。同时，史前岩画在这个国家的许多地区，尤其是北部地区大量地被发现。撒哈拉沙漠中岩画的时间跨度很长，从公元前6000年一直到公元前100年。在公元前的几千年时间里，撒哈拉地区雨量充沛、河网密布，大象、犀牛等喜水动物到处可见，这些动物就出现在早期的撒哈拉岩画之中。公元前2000年晚期，撒哈拉地区逐渐干旱，到公元前1200年和公元前100年马和骆驼才先后被引进到这一地区。[①]

从公元前第二个千年晚期开始，这一地区的人们从狩猎、采集向农耕过渡，铜制工具在西苏丹广泛使用开始于公元前500年，几百年之后，铁器工具也出现了。近年来，在马里尼日尔河内陆三角洲的杰内城附近发现了一处建于公元前3世纪的古城。杰内古城是非洲金石并用时期最重要的遗址之一。古城的历史一直延续到15世纪初。杰内古城有一个圆形土围子，面积约为3300平方米，围墙高7米，周长2公里。从土围子里出土的陶器看，土围子建于1500年前。另有65个较小的土围子，城墙宽3米，高约4米，墙基是用土砖铺砌的。从城墙下挖出的陶器判断，城墙建于公元400～800年间。出土的文物有用石头、铁、铜、黄金制造的武器以及生产用具、日用品、装饰品、手工艺品、儿童玩具等。尤其是陶器，更是多种多样。装饰品有精心加工的珠宝、头饰、石手镯和铜戒指。在公元700～1000年间，从丰富多彩的手工制品、种类繁多的进口货物和颇为精致的各种器皿来看，杰内古城已发展到全盛时期。当时的古城商人深入到北非的贸易中心，他们把粮食、鱼类、陶器、黄金等商品通过商道运到北非，又把撒哈拉沙漠的盐和地中海的玻璃珠子等运回到杰内和南方各地。公元800年，杰内的人口达到1万人。在公元1000年以后，古城开始衰落，人口逐渐减少，到公元1400年时，杰内这个西非最古老的城市，曾经盛极一时的商业和贸易中心就销声匿迹了。杰内古城的发掘，为研究上古时期马里人民的社会生活、风土人情提供了丰富的资料。[②]

---

① Pascal James Imperato, *Mali*, *A Search for Direction*, Westview Press, Boulder and San Francisco, 1989, p. 15.

②《万国博览·非洲卷》(马里共和国)，新华出版社，1998，第665页。

第二节 王国（帝国）的兴衰

在中古时代，马里曾是加纳、马里、桑海等西非统一大帝国的中心地区。古代加纳和马里的主体民族是曼丁哥人，他们又分成不少部落，最重要的有班巴拉人、马林凯人等，马里帝国就是由曼丁哥人创立的。13～15 世纪是马里帝国的鼎盛时期，它将加纳王国的大部分和桑海王国都纳入其版图。后来，马里帝国因内部争权夺利及图阿雷格人和桑海人的共同打击而崩溃，成为桑海帝国的藩属。桑海人居住在通布图和尼日尔河河套以南地区，原是马里帝国的臣民，15 世纪后期，桑海帝国崛起。16 世纪后期，桑海帝国在同摩洛哥的战争中失败，不久帝国瓦解，这一地区陷入长达两个多世纪的小国纷争时期。

一 加纳王国时期

3 世纪前后，富拉尼人在通布图以西，尼日尔河上游西北部地区（今马里境内）建立加纳王国。它凭借优越的地理位置，控制着撒哈拉商道上的黄金贸易，因而有“黄金之国”的美称。在 7 世纪以前，加纳王国已经历了来自北方的 22 个国王的统治。8 世纪末索尼克人（又称索宁凯人）推翻了富拉尼人的统治，建立了黑人王朝。

9～11 世纪是加纳王国的全盛时期，其版图东到通布图，南到尼日尔河上游和塞内加尔河上游之间的地区，北至撒哈拉沙漠的南部边缘。加纳王国还征服了周围的一些小国，令其称臣纳贡。当时加纳王国有 20 万军队，其中包括 4 万名弓箭手。全盛时期的加纳王国，农业、畜牧业、手工纺织和制陶业已相当发达，贸易也十分发达。首都昆比·萨累成为黑人和北方来的阿拉伯人洽谈生意的大都会。首都有两个主要城区：一是国王和贵族居住的城区，有宫殿和许多精心装饰过的圆形大茅屋，周围筑有很高的围墙；另一为商贾城，有许多清真寺和阿拉伯建筑，北方来的阿拉伯商人就居住于此，此城方圆一英里，约有3万居民。11世纪下半叶（1076），摩洛哥的阿尔摩拉维德人侵入加纳，破坏了加纳的农业、畜牧业和与北非进行贸易的商路。阿尔摩拉维德人虽侵入几年后又退出，但加纳王国从此一蹶不振。被征服的小国纷纷脱离加纳而独立。到13世纪，加纳王国被新兴的马里王国灭亡。

二　马里帝国时期

（一）小酋长国马里

马里原是尼日尔河支流桑卡拉尼河地区的一个小酋长国，由说曼丁哥语的凯塔部落组成，曾是加纳王国的属国。

从7世纪到10世纪，在长达300年的时间里，阿拉伯人越过撒哈拉沙漠，把伊斯兰教传到西苏丹。阿拉伯商队以盐、贝壳和串珠等物品，向西苏丹各国换取黄金和象牙等物品。由于这些频繁的商业活动，阿拉伯文化在西苏丹地区留下了深刻的印象。西苏丹的一些早期编年史材料也都是用阿拉伯文写的。1054年摩洛哥的阿尔摩拉维德王朝军队侵入西非并彻底破坏了西非古国加纳。原来受加纳统治的许多曼丁哥人小国，乘机独立，其中就有马林凯族的马里，当时称作马勒尔（Malel）。这个由凯塔部落建立的小酋长国，当时只局限于尼日尔河上游支流桑卡拉尼河和塞内加尔河上游支流巴科伊河之间的地区。它的第一个著名酋长古尔曼达纳（亦称泽拉本达纳和巴拉门达纳），此时已经皈依伊斯兰教。马勒尔酋长国不断南下袭击其他部落，虏获战俘当奴隶，运往北非出售。凯塔部落善于经商，国家富裕，国王有到麦加朝圣的传统。其中，著名的国王穆罕默德·哈马马、吉吉·比拉利和穆萨·凯塔在12世纪中叶至13世纪初曾4次到麦加朝圣。

马里同其邻国——苏苏人建立的卡尼阿加国是宿敌，争端起因于争夺商道的控制权。卡尼阿加国王苏曼古鲁，于1203年征服了加纳王国的残存部分。他雄心勃勃，力图控制尼日尔河上游的新商道。这条中央商道穿过尼日尔河，经过通布图、加奥，纵横撒哈拉沙漠，直抵突尼斯和埃及，几乎完全取代了古加纳境内西部旧商道。

为了争夺尼日尔河上游的控制权，从1218年起至1230年止，马里同卡尼阿加王国几次交战，屡遭失败，终被征服，国都康加巴陷落。苏曼古鲁杀了马里国王纳雷·法马甘和他的11个儿子，只有一个王子松迪亚塔（Sundiata）得以幸免。当时他因为宫廷内争，正流亡麦马国。松迪亚塔自幼残疾（跛脚），但他意志坚强，才能出众，麦马国王对他很信任。当马里国都陷落，唇亡齿寒，麦马国王向松迪亚塔提供骑兵，帮助他复国。

（二）马里帝国的崛起

松迪亚塔得到马林凯人的支持。他把凯塔部落组织的“长老团体”改组成军队的核心。他以马里·凯塔为名，依靠一些游猎部落的帮助，联合了马林凯人几乎所有氏族和部落，并被各部落酋长公推为战时军事领袖。1230～1234年，松迪亚塔军队同苏曼古鲁军队展开激战，经过几次胜利之后，终于把苏苏人赶回他们的居住地，即尼日尔河上游地区，从而收复了马林凯人的中心地区。

1235年，松迪亚塔率领军队攻入卡尼阿加国境内，在库里科罗附近的基里纳（Kirina），消灭苏苏人军队，打死苏曼古鲁。基里纳战役后，马林凯酋长在康加巴举行大会，宣誓效忠他们伟大的君主松迪亚塔。1235～1240年，马里军队继续推进，直至兼并了卡尼阿加国所有领土，并于1240年摧毁古加纳的首府。

在这期间，通过兼并和征服，麦马国和桑卡拉国都被并入马里范围。马里成为统治南方马林凯人和北方索宁凯人众多小国的霸主，帝国已经初具规模。

松迪亚塔是一位有远见卓识的开国之君，他顺应西苏丹经济中心的南移，舍弃已被沙漠侵蚀的加纳古都昆比·萨累，1240年迁都于南方桑卡拉尼河畔的尼阿涅（又译为尼阿尼，在今巴马科南边），靠近布雷产金区，以便有效控制黄金生产和贩运。他优待穆斯林商人，崇尚伊斯兰教，赢得了商人的好感和支持。他大力发展农牧业，扩大耕地，引进棉花种植和棉纺技术。在他的统治下，马里帝国经济蒸蒸日上，国力强盛，社会安定，开创了比加纳王国更加繁荣昌盛的局面。帝国疆域辽阔，西起台克鲁尔，东至尼日尔河河套，南起沃尔特流域，北至瓦拉塔南缘。1255 年，松迪亚塔中箭身亡，其子乌利继位。

乌利在位 15 年（1255～1270），继续完成其父未竟事业。在北方，他把马里的疆域扩大到萨赫勒干旱草原地区，并控制了瓦拉塔。在东边，他把扩张的主要矛头指向尼日尔河套，加强对通布图、加奥等发达的商业中心的控制。为此，他与东方的劲敌——桑海人展开了旷日持久的争夺，曾一度征服桑海王国，打通了从尼阿涅直抵加奥的尼日尔航道，完全控制了撒哈拉中心商道。乌利曾率队前往麦加朝圣，并与北非的伊斯兰世界建立了联系。

（三）马里帝国的兴衰

乌利去世以后，他的兄弟瓦蒂和哈里发先后继位。瓦蒂在位4 年（1270～1274），哈里发在位仅短短的一年（1274～1275）。然后是乌利的外甥贝克尔继位（1275～1285）。这 3 个国王都不善治理国家，以致马里在 15 年的时间里国势中落。加奥的桑海人乘机摆脱了马里的统治，取得了独立地位。

1285 年，宫廷的“释放奴隶”萨库拉乘王室内讧之机夺取王位。萨库拉精明能干，勇猛善战，在位时间多在戎马生涯中度过。他率军北征，占领撒哈拉各处铜矿，接着又东征企图独立的台克鲁尔，最后挥戈向西，占领杰内，攻下加奥，再次征服桑海。于是马里帝国出现中兴，西苏丹地区各国纷纷归附，纳贡称臣。1298 年，萨库拉前往麦加朝圣。1300 年在其归途中遇害。其后王位又由乌利之子加乌（1300～1305 年在位）和孙子穆罕默德（1305～1310 年在位）继承。穆罕默德去世之后，王位传给阿布·贝克尔二世。

阿布·贝克尔二世在位 3 年（1310～1312）。他曾经派人乘坐独木舟试航大西洋。第一次派出的船队失败以后，他亲自率领 2000 只独木舟组成的舰队西航，但未见凯旋。这就是后来关于西非黑人在 14 世纪就已经到达美洲这个传说的由来。1312 年阿布·贝克尔二世之孙穆萨继位，称曼萨·穆萨（Mansa Musa）。他在位 25 年，马里帝国进入鼎盛时期。

曼萨·穆萨于 1325 年对麦加进行了一次著名的朝觐活动。曼萨·穆萨的朝觐队伍规模庞大并携带大量黄金，骆驼队行进时浩浩荡荡。最前边是 500 名奴隶手执 6 磅（约 2.7 公斤）重的金制仪仗开道，之后是 100 头驮着黄金的骆驼，每头驮 300 磅（约 135 公斤）。再后边是 1000 头骆驼驮着食物、礼品以及大批穿着金饰服装的妻妾、侍从。曼萨·穆萨沿途还大量购买、施舍，致使埃及金价下跌 1/5，12 年后才恢复过来。这一朝觐盛举极大地震动了阿拉伯世界和欧洲，使得马里帝国的声名远播。马里的名声因此传到西欧，一幅 1339 年绘制的西欧地图上首次出现了马里帝国的名称。曼萨·穆萨回国时还邀请了许多穆斯林学者和他一起回国。之后，马里的许多城市逐渐发展成伊斯兰学术研究中心。其中，通布图成为与开罗、巴格达和大马士革齐名的著名伊斯兰学术研究中心。

经过多年征战，马里帝国征服了周围的一些小国，疆域不断扩大。14世纪时马里帝国达到鼎盛时期，其版图东到今天的尼日尔，西到大西洋，南到热带森林区，北至撒哈拉沙漠。它不仅控制了西非的重要产金地万加腊、沙漠边缘的重要产盐地塔哈扎以及那里的农业区和手工业区，而且还控制了穿越撒哈拉沙漠的贸易通道，成为当时西非最强大的国家。

强盛的马里帝国农牧业、手工业以及金矿、岩盐开采业都相当发达，同时与北边的摩洛哥、阿尔及利亚和东边的埃及的贸易十分活跃，仅与地中海的贸易商道就有6条，当时一条商路一年通过的骆驼就不下1.2万头。通布图、加奥、杰内是马里帝国著名的商业城市和文化中心。

1337年，曼萨·穆萨去世。在他去世后的50多年里，马里帝国仍维持着强大的局面，但帝国中央政权已潜伏着严重危机。自穆萨麦加朝觐后，统治集团内部争权夺利变本加厉。在极盛时期的马里帝国，帝王那令人目眩的黄金财富，他在阿拉伯世界赢得的显赫地位，统治幅员辽阔帝国的炙手可热的权势，这一切使得王位之争愈演愈烈。再加上马里凯塔王族旧规规定，在亲族内，凡国王的兄弟、儿子、侄子以及外甥都是王位的合法继承人。这种宽泛的王位继承制度加剧了夺权之争。曼萨·穆萨去麦加朝圣期间命其子穆罕默德摄政，目的在于排斥皇弟苏莱曼继承王位的权利。精明的苏莱曼不肯罢休，1341年最终从他侄子穆罕默德·马加（1337～1341年在位）手中夺取了王位。

苏莱曼在位6年，颇有建树。他与北非建立密切的文化联系，重新征服了叛离的属国，只有桑海地区未能收复。但是，在他死后不久，爆发了他的家族与穆萨家族之间血腥的内战。苏莱曼的儿子夸沙继位不到一年就死于非命，王位被穆萨之孙亚塔（1360～1373年在位）夺回。亚塔之子穆萨二世（1374～1387年在位）虽然执政13年，但大权旁落，只是名义上的国王而已。他的兄弟马加二世继承王位（1387～1388年在位）仅一年就被财政大臣桑达基推翻，桑达基弑王并娶其母（太后）为妻。但他篡位不到两年即遭到驻守南疆、自称松迪亚塔一系加乌后裔的马加的声讨并被迫下台。于是，王位又回到松迪亚塔世系手中。马加三世于1390年上台。以后继位的穆萨三世和乌利三世统治时期，马里帝国已经摇摇欲坠。

频繁的宫廷政变严重地削弱了帝国中央统治的力量，属国乘机独立。14世纪80年代，东部诸省率先叛离或拥兵自重，穆萨二世依靠手下能征善战的武将迪阿塔，收复部分省区。但塔特麦卡铜矿区和加奥摆脱了马里的统治。接着，14世纪末，莫西人从尼日尔河套地区侵入尼日尔河中游谷地，形成对马里帝国最繁荣的商业城市——通布图的严重威胁。莫西人一度攻入该城，后来马里虽然收复通布图，但已无力维护商队经过通布图商路的安全。北部行省和藩邦乘机纷纷脱离马里版图。15世纪初，麦马、迪亚拉脱离马里。1433年，图阿雷格游牧部落占领通布图、瓦拉塔和阿拉万。马里从此失去对撒哈拉商路的控制，丧失了商税收入的马里从此一蹶不振。随着马里帝国的日趋衰落，桑海人宣布不再纳贡，1465年占领通布图。1512年桑海人又占领了卡诺和直至博尔努边境的地区。1545年桑海占领了马里城。1599年，马里皇帝曼萨·穆罕默德四世试图趁摩洛哥军队占领尼日尔河内陆三角洲而造成的混乱之际，重振昔日雄风。由于得到班巴拉人和富拉尼人多数地方酋长的支持，他率军推进到了杰内。可是他被一名部将出卖了。一个个城市脱离马里，帝国迅速解体。17世纪中叶，班巴拉人终于夺得了帝国的剩余部分，马里帝国从西苏丹政治生活中消失。

（四）马里帝国的社会制度

1. 奴隶制社会

马里的奴隶来源主要靠军事掠夺。马里南方古尔语族以原始的小氏族公社形式，分散在尼日尔河上游和塞内加尔河上游地区，相互之间很不团结。这里一直是北部曼丁哥人掠夺奴隶的主要场所。曼丁哥人的军队经常把整个村寨的古尔人变为奴隶。奴隶的另一个来源是买卖，马里人由于犯罪、欠债或穷困而被卖身为奴。

奴隶广泛使用在农业、手工业、商业各个领域。从事农业的奴隶被编成奴隶部落，由监工管理。奴隶村落一般穿插分布在自由民村落之间，实行内婚制。法律禁止奴隶部落的男奴娶自由民女子，以防止奴隶通过婚姻关系为下一代取得自由民身份。从事手工业的铁匠奴隶，每年必须向奴隶主提供若干梭镖和箭。奴隶在商业上主要是搬运夫，除了头顶食盐、铜器、铁器等货物外，还要背负主人和商队卫士的口粮。奴隶还用于开矿，14 世纪阿拉伯旅行家伊本·白图塔在游历马里时看到，在铜城塔开达，从采矿、运输矿石、冶炼到加工成铜锭，这些工序全是奴隶干的。

马里还有大量的家庭奴隶。这一现象不仅存在于马里社会，整个曼丁哥族在很长时期中都普遍存在家庭奴隶的制度，而且还让奴隶渗透到家庭组织的结构之中。马里帝国的奴隶“结合”到基本的社会经济单位——父权制家庭公社中有三种形式：一是奴隶成为“养子”、“养女”；二是女奴成为一夫多妻制中的配偶来源，上层人物的妻室多达数十上百；三是多数奴隶成为一般的家庭公社成员。第三种形式的奴隶又有几种不同的身份。第一代奴隶通常是掠夺来的，或者买来的，可以随便买卖，真正属于“动产”。第二代奴隶称“家生子”，是第一代奴隶的子女，不可买卖，是“不完全平等者”。第三代称“灶下仆人”，进入内室完全从事家务劳动。第四代称“自由人”，但仍与主人保持依附关系，并固定在土地劳动上，向主人缴纳一部分收成，实际上已成为农奴。马里帝国家庭奴隶的大量存在淡化了帝国自由民与奴隶的严重矛盾。

2. 中央集权制

马里帝国实行中央集权制。中央和地方官员都由国王任命。全国由1个中心区和3个外围行省组成。各省之下又分12个行政管理区。在征服地区各臣服王国中，设置监国使臣，称“费尔巴”。中央向各城市派市长，称“莫赫里夫”。农村地区由称为“柯伊”的部落酋长负行政责任。国王在宫廷和行政机构中，多使用绝对忠于自己的奴隶或“释放奴隶”，任命他们为重要地区的督抚。这样使上层行政系统完全听命于国王，不受王族宗派集团的控制。国王严格控制属国和归顺民族的统治者，或将其首领留职朝廷，或将属国君主的世子留在京城充当人质。此外，还派遣直接代表国王的驻扎官进驻各地，以监督地方势力。马里帝国建立起一支强大的军队，全国有9万步兵分驻各地，控制全境商路。国王还拥有一支1万多人的骑兵部队。

3. 自然经济占优势的经济

马里帝国重视发展长途贸易。从四面八方纷至沓来的商队和船队都以帝国境内的尼日尔河沿岸城市为集散地。从北非来的阿拉伯商人云集加奥城，每年跋涉在撒哈拉中央商道上的骆驼不下1.2万头。商业贸易的兴盛给帝国带来巨大的收益。马里帝国的农业和手工业获得了显著的发展。从事农业的“奴隶村落民”种植玉蜀黍和稻谷，也饲养牲畜。农业技术是粗耕轮作，基本生产工具是锄头。手工业分工较细，锻铁、木工、皮革、纺织等都形成专门行业。通布图和杰内拥有众多织工和裁缝作坊，是马里帝国的手工纺织业中心，马里纺织品以其特有的热带风格的图案风靡北非的阿拉伯世界。马里是古代世界盛产黄金的国家，帝国规定产金区用金沙交税，罕见的天然金块一律上交国王。马里帝国经济的一个显著特点是，它主要具有对外贸易性质，幅员辽阔的帝国并未形成统一的国内市场，而同国外的贸易联系要多于同国内的联系。阿拉伯商队通过纵横交错的撒哈拉商道用食盐和其他日用品交换马里出产的黄金、纺织品等商品。马里帝国经济的另一个特点是，没有统一使用的货币。玛瑙贝、铜环、盐棒、布帛都是常见的马里市场上的一般等价物，个别地方还使用阿拉伯人的金第纳尔。这说明，马里帝国自然经济仍然占优势地位。

马里帝国创造了灿烂的中古文化。在帝国繁荣时期，它在尼阿尼和通布图等大城市修起了繁华的宫殿、贵族住宅和巨大的清真寺。国王曼萨·穆萨经开罗到麦加朝圣的事迹，在伊斯兰世界留下了深刻的印象。他请了许多穆斯林学者和他一道回国，通布图成为当时阿拉伯世界的学术中心。

三 桑海帝国时期

桑海帝国是继马里帝国之后在这一地区兴起的第三个统一的文明古国。690 年，迪亚·阿拉亚曼在尼日尔河中游谷地的桑海族中建立了迪亚王朝。11 世纪迁都加奥。1325 年被马里帝国征服，称臣纳贡，处于依附地位。1337 年，被马里征服者掳去的两位桑海王子，成功地逃回加奥，重建桑海王国，并改王号为索尼。随着马里帝国的衰落，桑海王国于 1400 年摆脱属国的地位而成为独立的国家。索尼·阿里（1464～1492 年在位）统治时期，桑海逐渐从王国发展为帝国。到 15 世纪后半期，桑海帝国大力开拓疆域，先后夺取了西非名城通布图和另一重要商业城市杰内，牢固地控制了尼日尔河内陆三角洲这一重要的产粮区，终于建立了疆域辽阔、国力强盛的桑海帝国。

在 15 世纪和 16 世纪之交，桑海人挥师西进，直抵台克鲁尔，征服了原马里帝国的西部诸省，又挥戈北上，囊括了几乎整个撒赫勒草原。到 16 世纪，桑海帝国完全控制了北部和东北部的商业中心地区。

1493 年，穆罕默德·杜尔即位，建立阿斯基亚王朝。穆罕默德·杜尔推行一系列改革，并取得显著的成效，他本人因此被尊为阿斯基亚大帝。1496年，阿斯基亚大帝效法马里国王曼萨·穆萨，在500名骑兵和1000名步兵的护卫下，带着30万枚金币，到圣城麦加朝觐。这次朝圣不仅使他荣获“哈吉”（朝拜者）这一称号，而且获得了台克鲁尔（泛指西苏丹地区）哈里发的头衔，从而成为西非穆斯林公认的领袖。阿斯基亚大帝打着“圣战”的旗号，接连不断地向周围国家和地区发动征战，继续开拓疆土。其版图西到大西洋，东与博尔努帝国（今尼日尔乍得湖地区）接壤，北至撒哈拉沙漠腹地，南与莫西王国（今天布基纳法索）为邻。桑海帝国成为西非历史上最强大的国家。

强盛的帝国参照东方的行政和法律制度，建立了一个职能齐备、颇有效率的中央政府，使桑海成为一个真正强大的中央集权国家。帝国农业高度发达，广泛使用铁制农具，大力种植水稻、小米、高粱和棉花，还重视兴修水利，并请来犹太人园艺师，改进当地的农业生产。帝国的纺织、缝纫、造船和其他手工业相当发达。贸易也十分活跃，黄金、象牙、盐和奴隶是当时的主要贸易对象。当时的重要城市有通布图、杰内，首都加奥是当时西非最大的城市。桑海帝国重视文化，通布图是它的文化中心，也是阿拉伯世界文化中心之一，有180余所古兰经学校，著名的桑科尔大学有学生几千名。

1528年，阿斯基亚大帝的长子穆萨发动政变，废黜了年高85岁、双目失明的阿斯基亚大帝。在此后的60多年中宫廷政变不断，帝国日趋衰落。1591年2月，摩洛哥的萨阿德王朝苏丹穆莱·阿赫默德·曼苏尔（1578~1603年在位）乘虚而入，派出以朱达尔帕夏为首的远征军，越过撒哈拉沙漠，侵入桑海帝国的腹地。3月，双方在加奥西北的通迪比（Tondibi）展开决战。

摩洛哥远征军出发时有精兵4000名，其中2500人装备欧式火枪。另有8000人的运输队伍。约有一半人员死于沙漠途中，所以投入决战的只有一半兵力。桑海军队由1.25万名骑兵和3万名步兵组成。显然，摩洛哥远征军的优势在于技术、装备，而桑海军队的优势在于人数。桑海军队为保卫国家而战，熟悉地形，后勤也有保障。摩洛哥军队远离家乡，水土不服，后勤供应线很长。但桑海国王阿斯吉亚·伊夏克二世犹豫不决，在摩洛哥军队发起进攻后临阵脱逃，导致全军溃败。摩洛哥军乘胜占领加奥城。

伊夏克二世向朱达尔求和，表示承认摩洛哥苏丹的宗主权，同意以10万金币和1000名奴隶换取摩洛哥军队撤离。朱达尔同意向曼苏尔苏丹禀告。9月，朱达尔率军占领通布图，定该城为帕夏驻节地，接着又派一名军官接管杰内。

曼苏尔拒绝伊夏克二世的求和，撤换远征军司令，指派马哈茂德·本·扎冈为帕夏，其目的是要完全征服桑海。1591年10月14日，摩洛哥军队在班巴再次打败桑海军队。伊夏克二世退往萨伊地区，派出游击队袭击敌人，杰内、通布图等地相继爆发了反对侵略者的武装起义。然而，此时桑海宫廷内部因争权夺利发生内讧，伊夏克二世被迫逊位，后又被杀，穆罕默德·加奥登基。加奥与摩洛哥军队谈判时被扣押、杀害。从此，桑海正式分裂，以苏莱曼为傀儡的北桑海成了摩洛哥人的占领区。从此桑海被摩洛哥人占领到17世纪中叶。经过半个世纪的抵抗运动，桑海人定居于科科罗到达戈尔一带，分裂为众多的小邦。桑海帝国完全分崩离析了。①

四 桑海帝国之后的西苏丹

（一）班巴拉人国家的兴起

在桑海和摩洛哥军队对峙的半个世纪中，原来受制于桑海的苏丹各族纷纷崛起，建立自己的国家，班巴拉人

① 艾周昌、郑家馨主编《非洲通史》（近代卷），华东师范大学出版社，1995，第271~274页。

的塞古王国和卡尔塔王国（加亚尔塔）就是其中两个较重要的国家。

班巴拉人居住在尼日尔河和巴尼河之间的卡拉和宾杜古，这是昔日马里帝国的两个省。此地常受桑海的侵犯，成为桑海与马里王国之间的缓冲地带。摩洛哥入侵桑海后，班巴拉人也加入了反抗摩洛哥人的行列，进攻杰内地区。

1645 年，班巴拉人起来反抗卡拉和宾杜古的统治者，瓦解了马里王国的地方政权，库利巴利（Kulibali）家族两兄弟脱颖而出，分别建立了塞古王国和卡尔塔王国。在比汤·库利巴利执政时（1712 ~ 1755）塞古王国趋于强大。一度将通布图、马西纳等地征服，迫使其称臣纳贡。塞古王国以年龄等级为基础建立军事组织，并作为国家的核心。王国的基层组织是村社，它由几个血缘纽带相连的家族构成。

1755 年，比汤·库利巴利去世，其子巴卡里继位。巴卡里曾去杰内学过《古兰经》，成了穆斯林，这引起坚持传统宗教的酋长们的恐惧。他们起来造反，推翻了库利巴利家族的统治，恢复了奴隶主军事民主制。在一系列动乱中，塞古王国受到削弱。直到 1766 年恩哥洛·迪亚拉执政，才扭转了这一混乱的局势。他奴隶出身，因战功升为库利巴利王朝的将军，后通过内战夺取政权上台，建立了迪亚拉王朝。为巩固自己的统治，恩哥洛·迪亚拉创建私人卫队，派其子任省督，撤换对自己不忠的酋长。他允许穆斯林商人保持自治，保证他们的经商安全。他重新向外扩张，夺回许多失去的领土，占领杰内、马西纳等地。

1790 年，恩哥洛·迪亚拉死于远征莫西人的战争中，其子曼松继位。曼松在位时（1790 ~ 1808），塞古王国达于鼎盛，其疆域北达通布图，东至杰内，西达邦杜。首都塞古约有 3 万居民。塞古当年的繁荣给英国探险家蒙哥·帕克留下了深刻的印象。他写道："这个广阔城市的风景——河上众多的独木舟、拥济的人群和周围农村的耕作情形——交相辉映，形成一幅文明壮丽的景色，这是我在非洲内陆难以发现的。”① 距塞古不远的尼日尔河港口桑桑丁是当时重要的商业城镇。北边来的摩尔商人贩来食盐、烟草和其他北非商品，交换黄金、奴隶和土布。当地商人同塞内加尔河和冈比亚河的欧洲殖民者的代理商进行奴隶贸易，购买南边布雷地区的黄金。

曼松在位期间，塞古王国同卡尔塔王国发生了连续不断的冲突。最终导致这两个班巴拉人的王国走向衰落。

（二）马里王国的衰亡

到15世纪末，显赫于西苏丹一带的马里帝国已经陨落，逐步降为偏安南部的一个曼丁哥人王国。它的中心在尼日尔河上游巴马科以南地区，这里是忠于马里王室的马林凯人聚集区，该地的主要居民是松迪亚塔战士的后裔。位于尼日尔河和巴尼河之间的卡拉和宾杜古两省，是马里王国与桑海帝国的缓冲地带，起着拱卫马里中心区的作用。马里王国把主要精力用于向南扩张，在冈比亚河和里奥格兰德河之间建立了一个附庸国体系。这个地区是海盐和黄金产地，马里通过该地发展同大西洋沿岸的贸易，以开辟新的经济来源，弥补失去尼日尔河湾商业中心的损失。

16世纪初，马里王国不断遭到桑海帝国的进攻，后来由于桑海帝国内部危机，马里得到了30年的喘息机会。16世纪40年代，桑海又发动了对马里的进攻，1546年甚至攻陷马里首都，占领了7天。但是，桑海统治者认为，完全征服马里，在它的心脏地区建立统治是困难的。1591年通迪比战役中桑海败北，解除了马里王国北面的威胁。马里国王曼萨·穆罕默德四世认为复兴古老帝国的机会已到，积极参加苏丹各族反对摩洛哥人的斗

① Mongo Park's Travels in Africa, Edinburgh, 1885, pp. 153～154. 转引自艾周昌、郑家馨主编《非洲通史》（近代卷），华东师大出版社，1995，第281页。

争。1599 年 4 月，他与马西纳结盟，共同攻打盘踞杰内的摩洛哥军队，但遭到失败。

这次战役是马里王国复兴努力的最后一次尝试，此后它不再是尼日尔河流域的一支重要政治力量了。它原来的藩属纷纷脱离。17 世纪 40 年代，卡拉和宾杜古两省的班巴拉人脱离了马里王国。1645 年，马里末代国王马马·穆罕孤注一掷，对塞古王国进行反攻，但未能取胜，只好退守康加巴。不久，塞古王国攻陷康加巴并占领马里王国的残剩领土。从此，马里分裂成为许多小酋长国，马里王国便在西非销声匿迹了。

（三）马西纳的圣战

19 世纪初直至70 年代，西苏丹地区爆发了一系列以伊斯兰圣战为旗帜的统一和改革运动，结束了从 1591 年摩洛哥入侵以来小国林立、纷扰不宁的局面。这期间，是伊斯兰教在西苏丹迅猛扩展的时期，广大群众接受伊斯兰教的宣传，积极参加圣战。战争胜利之后，新政权都以伊斯兰教立国，建立清真寺和伊斯兰学校，推广伊斯兰文化，以伊斯兰的一神教思想代替原有的多神教思想，在小国林立的西苏丹地区发挥了巨大的凝聚作用。

位于尼日尔河河曲的马西纳、杰内、通布图等地，在周边伊斯兰圣战的影响下，也爆发了这一运动。马西纳地区存在的社会、民族和宗教冲突是圣战爆发的主要原因。富拉尼人早已定居尼日尔河河曲地区，他们之中的许多人信奉伊斯兰教，而在他们的四周都是异教徒。在豪萨圣战的影响下，阿赫马德·穆罕默德领导了反对马西纳的统治者和塞古王国的运动。1816 ~ 1817 年，阿赫马德·穆罕默德打败了塞古王国的军队。不久，圣战者攻占了杰内，随后又夺取了马西纳王国的政权，并定都哈姆达拉希。1826 年，阿赫马德·穆罕默德占领了通布图，建立富拉尼人要塞，以防图阿雷格人的侵袭。

至此，阿赫马德·穆罕默德建成了总面积约 13 万平方公里的伊斯兰神权国家，其中包括尼日尔河流域的重要城市杰内和通布图，控制了西苏丹的传统商业中心。

阿赫马德·穆罕默德在政权、税收和法律制度方面按照伊斯兰教进行了一系列改革，推动了该地区的伊斯兰化。在中央，设立了最高议事会，由40名伊斯兰学者组成；另由阿赫马德·穆罕默德和3名最高议事会成员组成枢密院。最高议事会和枢密院是全国最高权力机关，集行政、立法和司法权于一体。全国分为5个埃米尔国，阿赫马德·穆罕默德派其亲属或亲信进行统治。富拉尼人桑加尔家族和卡迪尼亚派僧侣集团，构成马西纳王国的统治阶级。基层政权是村社和由几个村社组成的区。马西纳王国有完善的税收制度。农民交纳收获物的1/10，富人交纳财产税，牧民交纳牲口税。在日常生活方面，马西纳王国严格按伊斯兰法规办事，禁酒、禁止跳舞和多妻的伊斯兰法规被严格执行。1844年，阿赫马德·穆罕默德去世，其子哈马德二世（1844～1852年在位）和其孙哈马德三世（1852～1862年在位）相继执政。1862年，马西纳被图库勒尔帝国所灭。

（四）图库勒尔帝国

图库勒尔帝国是哈吉·奥马尔领导一系列伊斯兰圣战后建立起来的。与马西纳圣战相比，奥马尔领导的圣战有两个特点：一是奥马尔信奉伊斯兰教提江尼亚派，该派认为自己是神选的救世者，它比卡迪尼亚派对迅速建立一个公正的伊斯兰社会负有更明确的义务。二是奥马尔圣战具有反对法国殖民入侵的民族主义战争的性质。

奥马尔（1794～1864），出生于富塔托罗波多尔附近的一个图库勒尔族伊斯兰教教师家庭。曾朝觐麦加，留学埃及。1839～1842年，奥马尔在富塔贾隆一带向曼丁哥人和图库勒尔人布道，吸收他们加入提江尼亚派，同时建立军事组织，积极准备圣战。1852年，奥马尔正式宣布发动圣战。他挥师北上，占领了尼日尔河上游和塞内加尔河一些班巴拉人和马林凯人的国家，如班布克、布雷等。当时法国殖民者正向塞内加尔河流域推进，奥马尔的圣战与法国殖民者发生冲突，这在一定程度上阻止法国侵略马里的步伐。1857 年奥马尔计划率领两万大军把法国殖民者赶走，可惜未果，奥马尔便率军队撤退到西苏丹腹地，于 1861 年占领塞古。继而他们沿尼日尔河而下，1862 年占领了富拉尼族国家马西纳，1863 年又占领古城通布图。至此，他建立了以塞古—西科托为中心的图库勒尔帝国，其疆域西起塞内加尔河，东至通布图，南到丁吉拉伊，北达盖穆。1864 年奥马尔在镇压马西纳贵族的叛乱中去世，他没有来得及按提江尼亚派的主张进行改革，建立起一个有效的中央政权。但是，奥马尔统一西苏丹大部分地区后建立起来的图库勒尔帝国，毕竟是一支阻遏法国在该地区扩张的重要力量。

奥马尔去世后，其子阿赫马杜继承王位，获得了埃米尔的称号，并定都塞古。但是，由于内部争权夺利，图库勒尔帝国这时已经处于瓦解之中，不能有效地抵抗法国殖民者的入侵。1864 年，法国派马热上尉率领一个军事代表团来到塞古，要求法国人在图库勒尔帝国享有贸易的自由，并签订协定。尽管，最初阿赫马杜不同意，将马热等扣留两年，最终还是被迫同法国人签订了同意法国享有贸易自由的协定。

第三节 殖民地时期

一 西方国家对尼日尔河流域的探险活动

尽管马里是前法国殖民地，但是，最早访问此地的欧洲人是英国探险家。

1788 年，英国非洲内陆考察促进协会（非洲协会）成立后，立即组织人员对以尼日尔河为中心的西非地区进行考察。

起初，他们先派人从北非越过撒哈拉沙漠考察尼日尔河，没有成功。随后，非洲协会改变路线，从西海岸出发考察尼日尔河。它派遣英国退休军官丹尼尔·霍顿（D. Houghton）于1790年深入冈比亚内地。霍顿曾经向协会报告，尼日尔河是往东而不是往西流的。不久他死在探险途中。

对尼日尔河的考察取得突破性进展的是蒙哥·帕克（Mungo Park）医生。1795年，他与非洲协会签订合同，协会除支付佣金外，还提供200英镑的装备费用，要求他确定尼日尔河的河道，尽可能探明其源头和终点，并且，尽可能去访问附近的城镇。1796年7月20日，他经过几个月的旅行，疲惫不堪地到达尼日尔河上游的城市塞古，终于见到了尼日尔河。他后来写道："往前方，我以无比的喜悦看到了我的使命中的伟大的目标——长期寻找的庄严的尼日尔河，正在清晨的阳光中闪烁着。它有泰晤士河流经威斯敏斯特时那样的宽度。它缓缓地向东流去。"①

帕克医生因病当年回国，仍未弄清尼日尔河的起止点。1805年英国殖民部再次派帕克去西非探险。1806年5月，帕克到达塞古，随后，从巴马科乘独木舟顺尼日尔河而下，企图直接抵达入海口。但是漂至布萨（Bussa）险滩时，帕克及其同伴全部丧生。

1830年，兰德从布萨险滩顺流而下，最终证实了尼日尔河的入海口就是欧洲人所熟知的油河河口。

与此同时，法、德等国的探险家也纷纷前往马里探险。法国人勒内·卡耶（Réné Caillié）于1827年到达通布图。德国人巴特于1850~1855年从的黎波里出发，越过撒哈拉沙漠，考察了尼日尔河的中段。

---

① 〔英〕巴兹尔·戴维逊：《古老非洲的再发现》，屠尔康、葛佶译，三联书店，1973，第1页。

二 法国的殖民侵略

法国殖民主义者是沿着塞内加尔河而上并沿尼日尔河而下，不断渗入马里境内。早在1712年，法国便在塞内加尔河上游卡伊建立了第一个据点，1756年及1824年他们又先后派出勘探队到塞内加尔河支流法莱梅河河谷寻找金矿，继而向尼日尔河流域推进，掠夺阿拉伯树胶等资源。19世纪以后，法国殖民主义者变本加厉采用武力侵占马里。19世纪50年代派出军队大举入侵马里，于60年代到达塞古地区。1885年柏林会议[①]结束之后，法国迫不及待地力求将其在西非的殖民地与北非的殖民地连成一片，并建立从塞内加尔到索马里的法属非洲帝国。19世纪末，法国在西非的殖民侵略主要沿着两个方向进行：一是从塞内加尔河中下游的法属领地向西苏丹腹地扩张；二是从几内亚湾沿海地区的殖民据点向北推进。为了便于掠夺与统治，法国殖民主义者还修筑铁路，以连接塞内加尔河与尼日尔河的通航河段，打通马里与大西洋海岸的联系渠道。1895年，马里成为法国的殖民地，称为“法属苏丹”，1904年并入“法属西非”。

在法国侵略和统治时期，马里人民前赴后继，进行了长期的英勇斗争。殖民者对马里的掠夺激起了马里各族人民英勇顽强的反抗。著名的民族英雄艾尔·哈吉·奥马尔和阿赫马杜曾组织领导颇尔族人抗击法国殖民者长达41年之久。

早在1879年，法国议会批准了《塞内加尔—冈比亚法属领地规划》。翌年，法国海军大臣命令塞内加尔总督德利尔从凯斯

① 柏林会议是一次由俾斯麦主持，西方列强讨论非洲问题的国际会议。会议通过了关于非洲的总议定书，就刚果河流域领土瓜分问题、贸易自由和航行自由问题以及“有效占领”原则达成了妥协。这是一次赤裸裸地瓜分非洲的会议，是列强争夺非洲进入高潮的标志。

到基塔设立据点，以便修筑一条连接梅迪内和巴马科的铁路。德利尔派出以加利埃尼为首的远征队，沿塞内加尔河直趋塞古，向当地统治者阿赫马杜“送礼”。在1880年与加利埃尼上尉签订的芒戈条约中，阿赫马杜否定了法国人建立保护权的条款，拒绝在帝国境内排斥其他外国商人经商的要求，只承诺给予法国最惠国待遇，并要求法国保证“永不侵犯图库勒尔人的任何领土”。1881年，法国政府拒绝批准此约，并派军队入侵图库勒尔帝国。1883年他们占领了尼日尔河畔的巴马科等地，并进逼塞古。阿赫马杜让其子留守塞古，自己退至尼奥罗。

法国为了集中力量镇压索宁克人的叛乱，防止索宁克人与阿赫马杜结盟，于1887年5月与阿赫马杜缔结了戈里条约。条约规定，阿赫马杜同意他的帝国名义上由法国保护，并撤销对阿赫马杜购买军火的禁令。在平定了索宁克人的叛乱后，1889年2月法国又对阿赫马杜展开进攻，攻打孔迪恩要塞，遭到图库勒尔军民的英勇抵抗，面对法军的猛烈炮火，他们不断用旧式步枪阻击敌人，接着逐屋进行巷战，许多士兵紧握他们的武器而阵亡。阿赫马杜呼吁帝国所有的穆斯林为捍卫信仰拿起武器抗击法国入侵。法军1500人在阿尔希纳尔的率领下，于1890年2月占领塞古。接着，进攻班巴拉人守卫的韦塞布古堡垒，守军全部战死。阿赫马杜在塔拉里、尼奥罗等地继续抗击法军，甚至在豪萨领土上流亡期间，他仍对法国人保持“不妥协的独立”态度。[①] 此后，法军沿着尼日尔河向东扩张，迫使阿赫马杜从卡尔塔、尼奥罗一直退到马西纳。1893年马西纳失守，整个图库勒尔王国沦为敌手。图库勒尔人民抗法斗争坚持12年后终于失败。

与此同时，法国殖民者入侵萨摩里·杜尔领导的瓦苏鲁王

---

① A. 阿杜·博亨主编《非洲通史》第七卷，中国对外翻译出版公司，1991，第96~99页。

国。1882年法国殖民者从巴马科侵入瓦苏鲁王国。1887年法国与萨摩里订立了《比桑杜古和约》，划定尼日尔河左岸归法国，右岸仍归瓦苏鲁王国。萨摩里深知，此约仅是敌人的缓兵之计，因此积极备战。1887~1888年间，萨摩里派兵围攻锡卡索，不幸失利。1894年法国人在侵占图库勒尔和达荷美王国之后，调集重兵，从锡卡索、象牙海岸和比桑杜古三面围剿萨摩里军队，瓦苏鲁军民仍然英勇奋战。1895年，法国把已占领的法属苏丹与塞内加尔、法属几内亚和象牙海岸合并为法属西非联邦。

三　法国对马里的殖民统治

1895年，法国将它占领的塞内加尔河与尼日尔河中游地区设为法属苏丹，殖民统治中心设在卡伊。1904年改为法属西非。1920年又改为法属苏丹，行政中心从卡伊迁到巴马科。法属苏丹（今马里共和国）的最后疆界在1947年确定下来。

法国政府任命的殖民地总督掌握全部政权，他依靠大区和地区的行政长官来管辖殖民地。更小的行政单位乡和村，则委派非洲人来管理，乡长和村长负责维持社会治安、收税、养护道路、协助招募新兵等工作。

税收是对当地人民剥削的主要形式，沉重的税收导致苏丹农牧民的贫困和走向破产。强制劳动是对苏丹当地人民的又一种剥削形式。每一个成年男子，一年中必须参加一定时间的无偿劳动，如修筑道路、桥梁和公共建筑，或做苦力等。

马里人民对法国殖民者残酷的剥削和压迫极为不满，多次起义反抗。20世纪初，多贡族人奋起抗捐、抗税，斗争也持续了多年。1915~1917年，法国为了转嫁战争的费用，增加殖民地的税收，滥征牲畜和粮食，扩大兵役名额，引起当地爆发武装反抗。其中最大的一次是1915年夏发生在贝勒杜古区的班巴拉人起义，沉重打击了殖民军队，战争持续了数月之久。同年秋发生在西部各区的博博人、索宁凯人和马尔卡人的起义规模声势浩大，他们以简陋的武器英勇抗击殖民军队，不断取得胜利。到1916年初，他们的势力扩大到6个区。7月，殖民者在投入5000增援部队后，才将该地区的起义镇压下去。同年北部的游牧民族也开始起义。

这些起义通常是苏丹各族上层人物领导的，起义被镇压下去后，殖民者设法拉拢当地的上层人物，给他们一些经济和政治方面的好处，并吸收他们到基础政权中来，担任乡长或村长。

在殖民统治时期，法国殖民当局对马里实行残酷统治。从总督到区长，全由法国殖民官员担任。殖民当局垄断了自然资源，控制了经济命脉，强迫居民种植单一经济作物，担负沉重的徭役。殖民主义统治严重地阻碍了法属苏丹的社会发展，除了为数不多的几个小工厂和主要服务于交通运输业的工场作坊，就没有什么企业了。20世纪30年代中期，法属苏丹的雇佣工人，包括职员在内总共只有几千人。①

第四节　民族独立运动

第二次世界大战期间，法国强征法属苏丹成年男子当兵或为战争服务，促进了马里民族的觉醒和政治示威运动，反殖民统治的民族主义政党应运而生。

二次大战后，马里人民要求民族独立的斗争日益发展。1945年莫迪博·凯塔和马马杜·科纳特组建非洲民主联盟苏丹支部，即苏丹联盟党，该党成立后积极领导马里人民争取民族独立的斗争。1946年10月，“法属西非”各民族主义力量在巴马科成立

① 〔苏〕拉钦科等：《马里共和国》，刘伉等译，商务印书馆，1981，第32页。

了“非洲民主联盟”，反对殖民主义和帝国主义，要求非洲政治、经济和社会解放，并多次举行大规模罢工运动。1947 年马里三千多名铁路员工参加了持续 5 个月的西非大罢工。1952 年、1953 年、1954 年和 1956 年，马里工人都曾举行规模巨大的罢工。

民族解放运动的迅速发展，动摇了法国的殖民统治。法国政府千方百计地采取措施，力图维持在马里的殖民统治。1946 年法国在宪法里将西非殖民地改称为“海外领地”，规定各领地为“法兰西联邦”成员，当地居民有“法国公民资格”，有“组织政党、工会的权利”。

1954 ~ 1956 年，“法兰西联邦”各殖民地的民族解放运动迅速高涨。法国军队被迫撤离越南，摩洛哥与突尼斯成为主权国家，阿尔及利亚和喀麦隆开展了独立战争，多哥人民坚决要求独立。在法属西非，争取所有进步力量联合成为反殖民统一战线的呼声日益高涨。1957 年 1 月在科托努城召开了法属西非工会代表会议，会上成立了黑非洲劳动者总联合会，提出了如下的任务：加速所有“海外领地”的经济和社会发展，以改善劳动人民处境；消灭一切形式的压迫剥削；坚决支持人民反对殖民制度的行动。同年 9 月，在巴马科召开了非洲民主联盟第三次代表大会，出席会议的代表明确提出了“独立”的口号。

经过长期的反对殖民主义争取民族解放的正义斗争，马里于 1956 年获得在法兰西联邦内“半自治共和国”的地位。1958 年 11 月，马里成为法兰西联邦内的“自治共和国”，定名为苏丹共和国。莫迪博·凯塔（Modibo Keita）出任政府总理。这时，法国力图将“法兰西联邦”过渡为“法兰西共同体”，以便把它的非洲属地连成一片。1958 年 12 月，法国试图在巴马科会议上把塞内加尔、苏丹共和国、上沃尔特（今布基纳法索）和达荷美（今贝宁）等国组成一个联邦。1959 年 4 月，苏丹共和国和塞内加尔组成马里联邦。两国执政党合并为非洲联盟党。4月选举莱奥波德·桑戈尔为联邦总统，莫迪博·凯塔为总理。两国保持各自的宪法，保留一个地方政府，一个地方议院，增加一部联邦宪法。1960年6月，“马里联邦”经过与法国的谈判，获得独立，但仍留在“法兰西共同体”内。1960年8月马里联邦解体。同年9月22日，苏丹联盟党召开特别会议决定宣布独立，退出法兰西共同体，改国名为马里共和国，凯塔出任共和国首任总统。同时，国民议会通过马里共和国的首部宪法。

第五节　共和国时期

一　马里第一共和国时期

1960年9月22日马里共和国宣布独立，9月28日加入联合国。

凯塔总统是主张走“社会主义”道路的非洲第一代领导人。凯塔领导的苏丹联盟党在议会中占绝对优势。该党的目标是要“使马里从殖民主义阶段不经过资本主义阶段就过渡到社会主义阶段”。[①] 马里独立后制定的第一部共和国宪法，宣布马里是一个“属于人民的社会共和国”。独立之初，凯塔政府为了实行社会主义的政治路线，在国内推行较为激烈的社会变革和国家发展计划，以克服所遭遇的困难。在农村利用原有的村社组织，大力发展非洲式的社会主义。1961年开始实行第一个社会经济发展五年计划。到1964年已有50%以上的村庄组织了生产合作社，并建立了国营企业，其中最大的是“尼日尔河开发管理局”。

① 〔德〕恩诺·博伊歇尔特：《马里》，上海外国语学院《马里》翻译组译，上海人民出版社，1976，第62页。

凯塔努力推进非洲国家的联合与统一，是非洲泛非主义的代表人物之一。在他的领导下，马里曾在1960年与加纳、几内亚组成联邦。1961年7月31日，马里加入卡萨布兰卡集团（主要成员有摩洛哥、加纳、几内亚、阿尔及利亚）。卡萨布兰卡集团主张积极推进非洲的统一运动。

独立之初，为了加强对货币金融制度的控制，阻止资本外流，1962年6月，马里退出了法郎区，发行了自己的货币。然而这些措施也给传统经济和商业交往造成不利影响，第一个经济社会发展五年计划（1961～1965）的许多指标未能完成。凯塔执政后期，马里经济和财政困难，粮食供应不足，引起群众不满。1967年2月，马里政府与法国妥协，通过了重返法郎区的决议，实行货币贬值，但仍然无法解决经济上的困难。另一方面，政府对法国的让步，引起苏丹联盟党左派的激烈抨击。1968年11月凯塔政府被穆萨·特拉奥雷领导的军事政变推翻。

二　马里军政权时期

1968年11月19日，马里卡蒂综合军事学校副校长穆萨·特拉奥雷（Moussa Traore）中尉率领一批青年军官发动政变，推翻莫迪博·凯塔政权，宣布取消1960年宪法，解散国民议会、苏丹联盟党及其所属的群众组织，成立全国解放军事委员会。特拉奥雷任军事委员会主席，履行国家元首职责，并提出复兴经济、实现全国和解和恢复制宪三大任务。同年11月22日组成首届临时政府。1971年8月30日，临时政府确定穆萨·特拉奥雷为政府总理，巴巴·迪亚松任财政和贸易部长，西索科任外交和合作部长，基西马任国防、内政和安全部长。1974年6月，马里举行全国公民投票通过一党制宪法。分批释放前政权政要，改组或重建群众组织。

1976年9月，特拉奥雷宣布筹建马里人民民主联盟，并向人民群众公布了党章和党的内部条例草案。1979 年 3 月，马里人民民主联盟成立大会在巴马科正式召开，大会通过了党章和党的内部条例和纲领。穆萨·特拉奥雷当选为党的总书记。

该党对内主张优先发展农业，以村社为基础把农民组织起来，强调发展农用工业、中小企业和基础工业。对外奉行不结盟和睦邻政策，坚持反帝、反殖，支持民族解放运动，强调区域性经济合作和非洲团结，主张在平等、互利和不干涉内政的基础上同所有国家发展友好合作。

1979 年 6 月下旬举行总统选举和立法选举，第二共和国诞生，特拉奥雷当选总统，组成议会和政府，恢复了正常的国家政治生活。

三 马里第二共和国时期

1979 年 6 月，穆萨·特拉奥雷当选为马里第二共和国总统，全国解放军事委员会自行解散。1983 年 6 月全国大选，特拉奥雷蝉联总统。特拉奥雷总统执政前期，努力采取措施发展经济，自 1981 年起以整顿国营企业为中心实施经济改革，1988 年接受世界银行和国际货币基金组织提出的结构调整。在外交上继续奉行不结盟和睦邻友好政策。

特拉奥雷执政后期，马里经济日趋困难，人民生活长期得不到提高，不满情绪增加。20 世纪 90 年代初，随着民主浪潮在非洲大陆蔓延，马里社会各界要求民主、改行多党制的呼声不断高涨。1990 年 5 月，马里全国劳动者联盟率先提出取消一党制、建立多党民主制等政治要求，各民主政治组织先后成立，多次组织罢工、罢课、游行、集会等活动，向特拉奥雷政权施加压力。特拉奥雷态度强硬，拒绝多党民主，并且命令部队向支持反对党的示威群众开枪，造成 100 多人死亡。1991 年 3 月，特拉奥雷政权被杜尔领导的军事政变所推翻。

四 民主过渡时期

1991年3月26日，在民主运动的推动下，以阿马杜·图马尼·杜尔（Toure, Amadou Toumani）中校为首的部分中、下级军官发动政变，推翻执政23年的特拉奥雷政权，成立以杜尔中校为首的全国和解委员会，宣布实行紧急状态，终止宪法，解散国民议会、政府和执政党马里人民民主联盟。31日解散全国和解委员会，成立马里救民过渡委员会，杜尔任主席，执掌过渡时期国家最高权力，组建临时政府。过渡政府先后宣布实行多党政治以及开放言论、出版自由等主张，召开全国会议，制定宪法，有秩序地组织市政、立法和总统选举，建立新的政权机关。同时，依法打击走私和刑事犯罪活动，努力建设法治国家，恢复国家权威；积极谋求和平解决北部地区图阿雷格族的反政府武装问题，与该族组织签订《全国公约》，维护国家统一和领土完整；推动军民和解，改善军人生活条件，平息军队不满情绪；继续推行经济结构调整计划，开源节流，恢复生产，保证市场供应，稳定物价，改善人民生活；积极开展外交，重点在西方国家，争取更多的外援。

杜尔承诺“还政于民”。杜尔为主席的马里救国过渡委员会决定，从1991年4月起，实施为期9个月的民主过渡期。1991年4月1日颁布过渡时期“基本法”，7~8月召开全国会议，通过政党法草案、选举法草案和宪法草案。到1991年10月，登记在册的政党有45个。救国过渡委员会主席杜尔中校宣布，1991年12月1日举行公民投票通过宪法，组织议会和总统选举。1992年1月19日进行第二轮总统选举，非洲团结正义党（简称正义党）主席阿尔法·乌马尔·科纳雷（Alpha Oumar Konaré 1946~）当选总统，成为马里第一位自由选举产生的总统。

五 马里第三共和国时期

1992年6月5日过渡政府宣布辞职。8日科纳雷宣誓就任总统，第三共和国宣告成立，并任命尤努西·杜尔为总理，组成首届多党联合政府。

1993年4月，首都巴马科爆发学生骚乱，导致政府集体辞职，由阿卜杜拉耶·塞古·索任总理，重组多党联合政府，全国民主创议大会党等主要反对党入阁。1994年2月，非洲法郎贬值引起各界不满，发生罢工、罢课、罢市等，索总理辞职，各参政党相继退出政府。科纳雷任命易卜拉欣·布巴卡尔·凯塔为总理，组成以非洲团结正义党和无党派人士为主的政府。10月，政府进行结构调整。当时，马里北方图阿雷格族的反政府活动和大中学生旷日持久的罢课、抗议活动是困扰政府的两大难题。以科纳雷总统为首的马里政府本着和解团结的精神，经过不懈努力，采取措施，终于在1996年初基本解决了影响马里政局稳定的难题。

1997年5月马里总统大选，科纳雷成功蝉联总统。在他的第二个任期内，积极与国际社会合作，推进马里的政治民主化和经济体制改革。

2002年5月，独立候选人阿马杜·图马尼·杜尔将军在总统大选中获胜当选，6月宣誓就职。

第六节 著名历史人物

一 凯塔·松迪亚塔

凯塔·松迪亚塔（Keita，Sundiata，1210～1255）是13世纪马里帝国的创建者，是曼丁哥族属下的凯塔部落人。他的父亲为基里（或称曼德）国国王，兄弟共12人。为避免兄弟仇杀，1220年松迪亚塔随母亲流落异地，后在麦马国受到重用。1230年苏苏（Sosso）王国国王苏曼古鲁（Soumangourou Kante）征服基里国，当时在位的兄长逃入森林。他在麦马国王的帮助下，返回基里。他把凯塔部落组织的“长老团体”改组成军队的核心。他以马里·凯塔为名，依靠一些游猎部落的帮助，联合了马林凯人几乎所有部落，并被各部落酋长公推为战时军事领袖。1230～1234年，松迪亚塔军队同苏曼古鲁军队展开激战，经过几次胜利之后，终于把苏苏人赶回尼日尔河上游地区，从而收复了马林凯人的中心地区。1235年，在今天库里科罗附近的基里纳（Kirina）打败苏苏人，杀死苏曼古鲁。基里纳战役后，马林凯酋长在康加巴举行大会，松迪亚塔被拥戴为国王。即位后，在几位将领的协助下，几经征战，于1240年摧毁古加纳的首府，占领了以前加纳王国统治的地域，使马里成为继加纳之后的西非大国。

松迪亚塔是一位有远见卓识的开国之君，他制定法律，确立帝国体制；强化军队，健全行政机构，设置总督统治各地；放弃已被沙漠侵蚀的加纳古都昆比·萨累迁都尼阿涅（今巴马科南边），使之成为这一地区商业和政治中心；优待穆斯林商人，崇尚伊斯兰教，赢得了商人的好感和支持；大力发展农牧业，扩大耕地，引进棉花种植和棉纺技术。在他的统治下，马里帝国经济蒸蒸日上，国力强盛，社会安定，开创了比加纳王国更加繁荣昌盛的局面。1255年在一次典礼仪式上松迪亚塔中箭身亡，其子乌利继位。后来诗人根据民间传诵将他的事迹整理成为长篇史诗《松迪亚塔》，以示歌颂和怀念。

二　曼萨·穆萨一世

曼萨·穆萨一世（Mansa Musa I，？～1337）是马里帝国最著名的皇帝，1312～1337年在位。帝国创建者松迪亚塔的侄子。原名坎戈·穆萨（Kango Musa），1312 年继位，称曼萨·穆萨一世，是帝国的第九位皇帝。在位期间，大力加强中央政府的权威，促进国内外贸易的发展，积极传播伊斯兰教。在其领导下，马里帝国达到鼎盛时期，版图南起热带雨林，北至撒哈拉沙漠，西抵大西洋，东达豪萨人居住地区。它不仅控制了西非的重要产金地万加腊、沙漠边缘的重要产盐地塔哈扎以及那里的农业区和手工业区，而且还控制了穿越撒哈拉沙漠的贸易通道，成为当时西非最强大的国家。1324～1325 年曼萨·穆萨一世赴麦加朝圣，其奢侈豪华使世人震惊，也使马里帝国名扬海外。

三 穆罕默德·杜尔

穆罕默德·杜尔（Mohammed Toure，？～1538）是桑海帝国最著名的君主之一，阿斯基亚王朝创立者。起初为桑海帝国创立者索尼·阿里手下一名部将。1492 年索尼·阿里去世后，从其子手中夺取王位，创立阿斯基亚王朝，称穆罕默德一世。1496 年，阿斯基亚大帝穆罕默德·杜尔到圣城麦加朝觐后成为西非穆斯林公认的领袖。阿斯基亚大帝打着“圣战”的旗号，接连不断地向周围国家和地区发动征战，继续开拓疆土。其版图西到大西洋，东与博尔努帝国（今尼日尔乍得湖地区）接壤，北至撒哈拉沙漠腹地，南与莫西王国（今布基纳法索）为邻。其版图包括今马里、尼日尔和塞内加尔的大部分。桑海帝国成为西非历史上最强大的国家。他把伊斯兰教作为治国的思想基础，宣扬伊斯兰教义。老年双目失明后，他的儿子们开始争夺王位。1528 年长子穆萨发动政变，阿斯基亚大帝被废黜，1538 年去世。

第三章

政　治

第一节　政局演变

独立之后，马里政局相对稳定，虽有军事政变，但不频繁；图阿雷格族发动的“北方叛乱”亦最终以和平方式得到解决。独立以来马里的政治演变可以分为5个时期：凯塔时期、穆萨·特拉奥雷时期、民主过渡时期、科纳雷时期和杜尔总统时期。第一代领导人凯塔在马里推行非洲社会主义，后被穆萨·特拉奥雷发动的军事政变推翻。带有军事独裁性质的特拉奥雷政权又在非洲民主化浪潮中倒台，随后，马里开始了民主化进程，相继建立民选的科纳雷和杜尔政府。

一　凯塔时期（1960年9月~1968年11月）

第二次世界大战以后，马里人民争取民族解放和国家独立的斗争蓬勃发展。1946年10月，“法属西非”以莫迪博·凯塔和马马杜·科纳特等人为代表的民族主义力量，在巴马科成立了“非洲民主联盟苏丹支部”，即苏丹联盟党。该党反对殖民主义和帝国主义，要求实现马里政治、经济和社会解放，并多次举行大规模罢工运动。1960年9月22日，马里共和国宣告成立。凯塔出任共和国首任总统。

凯塔1915年生于巴马科，曾在达喀尔求学，毕业后当过教师。在他的政治生涯早期，凯塔与法国共产党联系密切，他相信马克思主义原理能够解决非洲问题，认为在马里不需经过资本主义阶段就可以直接建立社会主义。

独立后，马里在政治上确立了苏丹联盟党的领导，第一届国民议会中的78名代表全部是苏丹联盟党的成员，任期5年。凯塔当政时，国民议会选举过两次，基本保持该党领导的政治格局。在经济政策方面，凯塔仿效苏联和东欧建立国营经济体制，① 在马里推行社会主义。1961年马里宣布实施第一个五年计划。1962年退出西非货币联盟，使用马里法郎。

1964年凯塔在马里推行的社会主义政策受到挫折。外汇储备的不足，市场的垄断等导致食品和其他消费品供应短缺，黑市和走私活动随之兴起。此后，严重的经济和金融困难接踵而来，在这种形势下，凯塔政府不得不和法国就货币问题进行协商。1967年2月15日，马里与法国签订新的货币协议，由法国国库提供保证，马里法郎同法国法郎及法郎区其他法郎可以自由兑换，但马里法郎需贬值50%，而且马里的外汇收支纳入法国国库开设的专门账户。马里法郎同法国法郎及非洲法郎的比值固定，1马里法郎=0.01法国法郎；2马里法郎=1非洲法郎。

然而，执政的苏丹联盟党的激进派认为达成这样的协议违背了该党的基本原则。凯塔为了向公众表明他对社会主义原则的忠诚，他采取了一系列措施，发表广播演讲、精心安排群众集会、改组党的政治局。他还成立由3000名青年人组成的民兵揭露腐败现象，清除党内不正之风。但是，民兵形象不佳，他们动辄设

① Pascal James Imperato, *Mali*, *A Search for Direction*, Westview Press, Boulder and San Francisco, 1989, p. 58.

置路障，随意搜查群众，甚至毫无理由地对人进行拘留和虐待。因此，民兵很快成为人们憎恨的对象，并进一步引发人们对凯塔政府的不满。1968 年 11 月，军队利用群众的不满情绪，乘机发动政变，推翻了凯塔政府。

二 特拉奥雷时期（1968 年 11 月~1991 年 3 月）

凯蒂军事学校的副校长穆萨·特拉奥雷领导了马里 1968 年 11 月 19 日的政变。当天早上，政变以不流血的方式发生。当时，凯塔总统正在莫普提参加一个地区性的经济会议，得知军队在巴马科发动政变的消息，他准备通过呼吁公众的支持来挽回局面。但是，他在回巴马科的途中被捕了。中午时分，特拉奥雷宣布凯塔统治结束。接着，苏丹联盟党被解散。政变 3 天后，临时政府宣告成立，特拉奥雷担任临时政府的主要领导人。12 月 6 日，1960 年宪法被废止，由一项基本法所代替，直到 1974 年新的宪法被制定出来为止。

自 1968 年 11 月至 1979 年 6 月，马里一直在“全国解放军事委员会”的统治之下。该委员会由 14 名成员组成，特拉奥雷是这个委员会的主席。特拉奥雷执政初期提出复兴经济、实现全国和解以及恢复宪法等三大任务。军政府尽管保留凯塔政府的国有经济，但是也实施了一些新的国内政策，包括给予更多的个人自由、鼓励私人投资、解散集体化的农业生产、取消强制性的政治会议等。这些措施使得“全国解放军事委员会”赢得了公众的支持。

然而，国内反对派的活动仍然存在。1969 年 4 月埃科高等师范的学生开始罢课，公开支持凯塔。8 月，凯塔的支持者发动反对特拉奥雷的几次未遂政变。政变的主要领导人迪亚拉（Diby Silas Diarra）被监禁，1970 年死于狱中。

“全国解放军事委员会”于 1974 年 6 月 2 日颁布了新宪法，

99%的选民投了赞成票。新宪法的许多条款与1960年宪法条款相似。新宪法规定一党制，实行普选制，国家元首5年一任（后来改为6年），保留国会，其成员4年一选（1981年改为3年）。

随后，特拉奥雷采取措施，恢复政党政治。1975年9月22日，特拉奥雷在一次演说中宣布他的建党计划。1976年1月他在新年献词中宣称新政党将动员民众建设独立的经济。党的章程由希索科（Filifing Sissoko）起草，他是“全国解放军事委员会”的常任秘书长。同年9月，新政党的党章公布于众，并于1977年初在全国宣传。1977年5月16日，前总统凯塔暴卒，反对派怀疑凯塔是被人谋杀的，特拉奥雷宣称前总统死于肺部感染。5月18日凯塔的葬礼演化为反对“全国解放军事委员会”的示威游行，参加者有教师、学生和前政府的拥护者。特拉奥雷政府逮捕了数百名示威群众，大多数人在数月后被释放。

1979年3月，特拉奥雷领导的马里人民民主联盟正式宣告成立，同年6月举行总统和立法选举，恢复宪法，成立第二共和国，特拉奥雷当选总统，“全国解放军事委员会”自行解散，组成议会和政府，恢复了正常的国家政治生活。1985年6月9日，全国大选，特拉奥雷蝉联总统。

特拉奥雷执政期间，马里经常爆发学生和教师的抗议活动。1979年特拉奥雷政府试图让高校毕业生参加城市和农村的建设，希望绝大部分的大学生在那里找到工作，而不是由政府负责安置。后来，政府又以参加两年兵役为大学生到政府部门工作的条件。另外，政府削减大学生的奖学金，同时在择业前必须经过严格的考试。这些措施损害了大学生的利益，1979年9月1日他们举行罢课。数百名学生被逮捕和流放。同年12月大学生与政府的冲突升级，15名学生在冲突中丧生。为平息冲突，政府被迫妥协，同意恢复奖学金，停止严格的考试。由于教师薪水低，政府又不能按时发放工资，所以教师也发动了一场抗议运动。1980 年 10 月教师举行了为期 10 天的罢课，最终被政府平息下去。[1] 特拉奥雷感到这些事件的严重性，并把它归因于马里人民民主联盟的领导不力，他撤换了马里人民民主联盟中央执行局（总共由 19 人组成）中的 8 名成员。因为教师 4 个月未领到工资，1988 年 3 月巴马科教师举行了为期 3 天的罢课。这使得所有的公立学校陷于瘫痪，涉及到 40 万名学生和 1.5 万名教师。

20 世纪 80 年代初，特拉奥雷开始进行经济改革。为了摆脱经济上的困境，1981 年 2 月，马里人民民主联盟举行特别会议，会议号召推行经济自由化。1983 年，特拉奥雷在一次党的会议上鼓励马里人到私营企业谋求职位，呼吁控制政府职员的规模，以缓解财政困难。当时，马里几乎完全依赖法国等国家的经济援助以维持国内开支和经济的运转。20 世纪 80 年代，马里每年得到的援助比国内税收还要高。世界银行、联合国机构、欧洲经济委员会贷款共 2 亿美元，法国免除马里 1978 年前 1000 万美元的债务。

1988 年 3 月，马里人民民主联盟在巴马科举行第三次代表大会，特拉奥雷再次当选为党的主席。在这次会议上，特拉奥雷强调经济建设是政府的中心任务，国际市场上棉花价格的下跌对马里是很不利的。总理马马杜重申，政府的国内政策是扩大私营企业，削减国营企业的规模和数量，政府希望将现有的国有企业由 40 个降至 15 个，最后仅保留 6 个。在这次党的会议上，马马杜总理承认自独立以来，受过教育的青年学生的就业问题一直困扰着政府，必须从发展私营经济中去寻找出路。接着，马里与世界银行和国际货币基金组织合作，开始进行经济结构调整。

---

① Pascal James Imperato, *Mali*, *A Search for Direction*, Westview Press, Boulder and San Francisco, 1989, p. 73.

特拉奥雷执政后期，由于天灾人祸，马里经济日趋困难，人民生活长期得不到提高，不满情绪增加。90 年代初，随着民主浪潮在非洲大陆发展，马里社会各界要求民主、要求改革的呼声不断高涨。1990 年 5 月，马里全国劳动者联盟率先提出建立多党民主制的要求，各民主政治组织先后成立，多次组织罢工、罢课、游行、集会等活动，向特拉奥雷政权施加压力。特拉奥雷等人态度强硬，拒绝多党民主，动用武力镇压，造成近千人死伤的惨剧。1991 年 3 月，特拉奥雷政权被推翻。

三 民主过渡时期（1991 年 3 月 ~1992 年 6 月）

1991 年 3 月 26 日，在民主运动的推动下，以阿马杜·图马尼·杜尔中校为首的部分中、下级军官发动政变，推翻执政 23 年的特拉奥雷政权，成立以杜尔中校为首的“全国和解委员会”，宣布实行紧急状态，终止宪法，解散国民议会、政府和执政党马里人民民主联盟。31 日解散“全国和解委员会”，成立由军人、劳工联盟及各民主政治组织代表组成的“马里过渡时期救民委员会”，杜尔任主席，执掌过渡时期的国家最高权力。杜尔承诺“还政于民”。4 月 1 日颁布过渡时期“基本法”。7 ~8 月召开全国会议，通过政党法草案、选举法草案和宪法草案。过渡政府先后宣布实行多党政治、开放言论、出版自由等主张，召开全国会议，制定宪法，有秩序地组织市政、立法和总统选举，建立新的政权机关。同时，依法打击走私和刑事犯罪活动，努力建设法治国家，恢复国家权威；积极谋求和平解决北部地区图阿雷格族的反政府武装问题，与该族组织签订《全国公约》，维护国家统一和领土完整；推动军民和解，改善军人生活条件，平息军队不满情绪；继续推行经济结构调整计划，开源节流，恢复生产，保证市场供应，稳定物价，改善人民生活；积极开展外交活动，重点在西方国家，争取更多的外援。

1992年1月举行全国公民投票，通过新宪法。3月举行立法选举，产生新议会。4月举行总统选举，非洲团结正义党主席阿尔法·乌马尔·科纳雷当选总统，成为马里第一位自由选举产生的总统。6月5日过渡政府宣布辞职。

四　科纳雷时期（1992年6月~2002年4月）

1992年6月8日，阿尔法·乌马尔·科纳雷宣誓就任总统，第三共和国成立，并任命尤努西·杜尔为总理，组成首届多党联合政府。

科纳雷总统执政后，在政治上致力于国家统一和巩固政权，十分重视维护稳定的政治局面。在第一届任期内，他曾经3次改组政府，建立了强有力的领导班子，同时加强与反对党在国家重大问题上的协商，发挥其在宪法内具有建设性的作用。1993年4月，首都巴马科爆发学生骚乱，导致政府集体辞职，由阿卜杜拉耶·塞古·索任总理，重组多党联合政府，全国民主创议大会党等主要反对党入阁。1994年2月，非洲法郎贬值引起马里各界不满，发生罢工、罢课、罢市等，索总理辞职，各参政党相继退出政府。科纳雷任命易卜拉欣·布巴卡尔·凯塔为总理，组成以非洲团结正义党和无党派人士为主的政府。1996年7月22日，马里政府进行了部分改组，3名反对党成员进入内阁。改组后，马里内阁成员由原来的20人增加到23人。新任3名内阁成员包括马里全国复兴党主席迪亚基特和该党成员德拉默，他们分别被任命为非洲一体化国务部长与干旱和半干旱地区国务部长。另一反对党成员迪亚拉被任命为促进青年委员会委员。

科纳雷政府采取措施缓和国内矛盾。自1992年4月科纳雷在马里首次多党选举中当选总统以来，马里政局基本稳定。然而，马里北方图阿雷格族的反政府活动和大中学生旷日持久的罢课、抗议活动成为困扰政府的两大难题。以科纳雷总统为首的马里政府本着和解团结的精神，经过不懈努力，采取措施，终于在1996年初基本解决了影响马里政局稳定的难题。

（一）平息“北方叛乱”（**Rebellion in the north**）①

图阿雷格人是非洲撒哈拉大沙漠中的一个游牧部族，起源于北非的柏柏尔人，主要分布在马里、尼日尔、布基纳法索、阿尔及利亚等国。马里的图阿雷格人主要集中在北方的基达尔、通布图和加奥3个地区。在马里全国23个部中，图阿雷格族属于少数，仅占全国人口的5%。

图阿雷格问题出现在马里独立之初。法国殖民者撤走后，殖民政府和军队留下的首府、管辖区和哨所由马里政府接管，政府向北方派驻军队和任命了新的地方长官。有些哨所的新头领身处偏僻地区，远离政府和上级的控制，对他们统治下的图阿雷格人常常滥用权力，进行欺压。于是激起图阿雷格人的强烈不满。基达尔地区的图阿雷格人开始在一些居民点袭击哨所，抢夺武器和牲畜进行报复。接着其他地区的图阿雷格人也相继拿起武器，反对那些来自南方的肆无忌惮的国家代表。1962年7月1日，马里退出西非货币联盟，发行本国货币马里法郎。当时商界十分担心政府会采取严厉措施进行外汇管制，并担心货币贬值，于是他们于1962年7月20日在首都巴马科进行示威游行。就在首都发生骚乱之际，北方的图阿雷格人发动了反对中央政府的分裂活动，1962～1964年马里发生了第一次内战。当时执政的莫迪博·凯塔政府动用军队平定了北方的叛乱。

从1969年开始，整个萨赫勒地区发生严重旱灾，特别是1972年和1973年，降水量急剧减少，饲草匮乏，图阿雷格人居

① 主要参考吴增田：《马里图阿雷格问题的来龙去脉》，《西亚非洲》1997年第1期；索菲·布哈里：《马里：微弱的和平之火》，《信使》2000年第4期；*The Economist Intelligence Unit Limited*，2004，p.5。

住的加奥、通布图等地区受灾最重。北方地区大约50%以上的牲畜因缺水和饲草而死亡。到1974年7月，仅在加奥周围的30多个营地里就有10万多难民。在通布图，估计有10万人由于营养不良而被旱灾夺去生命。另外，这次旱灾还迫使成千上万名图阿雷格人背井离乡，四处逃荒，有的流向马里南方，有的逃往邻国。

70年代的旱灾给图阿雷格人造成毁灭性的灾难。此外，由于划定了边界，他们异地放牧的范围缩小了，沙漠商队的贸易也已衰落。面对图阿雷格族社会的种种危机，他们越来越感到自己变成了被政府遗弃而生活在社会边缘的人。在非洲多党民主化的浪潮中，北方图阿雷格族反政府活动再次爆发。

1990年3月，1.8万名尼日尔的图阿雷格人从利比亚回国，但尼日尔政府无力解决大量的后勤供应问题，他们仍像在70年代那样住在营地里，处境极为艰难。一些图阿雷格族青年为了吸引人们对他们悲惨生活的注意，占领了钦塔巴腊登警察局。尼日尔政府当即出动军队镇压，许多人就逃到马里。但是在马里他们的处境也好不了多少，其中一些人被捕关押在梅纳卡宪兵队。1990年6月29日，马里的图阿雷格人袭击梅纳卡宪兵队，打死了地方官员，解救出在押的图阿雷格人。这一事件标志着90年代图阿雷格族反政府活动的重新开始。定居的干达科亚族黑人为了自身的利益自行组织民兵武装，对图阿雷格人进行反击和报复。1991年1月在邻国阿尔及利亚的调解下，马里政府虽然同图阿雷格人签署了和平协议，但战火并未因此熄灭。

从1990~1994年，马里北方不断发生武装冲突，加奥、通布图和许多城市的住宅和商店屡遭抢劫，原来仅限于东北部地区的反叛活动已蔓延到整个北方。在政府军和图阿雷格族武装发生的大规模冲突中，造成数千人伤亡和近20万图阿雷格人（约占北部人口的1/5）背井离乡，逃往周边的毛里塔尼亚、阿尔及利亚和布基纳法索等国，沦为难民。无论是图阿雷格人还是其他部族的人都饱受战祸之苦，他们企盼和平与安定。

1992 年科纳雷执政后，在政治上致力于国家统一和政权巩固，十分重视维护稳定的政治局面。政府在其总的政策声明中表示：协商处理国家重大事务，在对话、协商、透明和公正的基础上管理国家以达到社会和谐。新政府积极努力寻求和平解决图阿雷格族问题的办法，多次和图阿雷格族代表谈判。在阿尔及利亚等国的调解下，1992 年 4 月 11 日，双方达成和平协议，签署了《全国条约》，政府同意图阿雷格族战士编入政府军，并给予北方地区以某种特殊地位，即通布图、加奥、基达尔 3 个地区具有特殊地位，建立地区、市镇、区和管辖区 4 级地方行政单位。每个地方行政单位设立议会，其主要任务是确定并实施各个地区所希望的经济、社会和文化发展规划，参与维护地区和国家的安全。虽然落实《全国条约》困难重重，而且因反政府活动不断而一度中止实施，但政府始终坚持谈判和采取和平的解决办法。1994 年 5 月至 6 月政府与图阿雷格族代表在阿尔及利亚的塔曼拉塞特又先后举行两次和谈。7 月底，总理凯塔亲赴北方为平息冲突做工作。

另外，政府还采取措施大力发展民族经济，制定了“1994～1996 年三年经济增长目标”，努力控制通货膨胀，优先发展农业，实现粮食自给，等等。从而为解决北方问题提供了较好的经济环境。与此同时，政府还十分关注北方的发展问题。为此，1994 年 9 月，马里在日内瓦举行圆桌会议，政府和外国合作者共同制定北方特别计划。1995 年 7 月，政府就北方的发展问题同外国合作者在通布图举行会谈。政府希望通过谈判能寻求到较多的国际援助，为北方的经济恢复与发展提供必要的物质条件。

1994 年起，科纳雷总统发起和平攻势，强调民族和解与国家统一，推动交战派别同政府在阿尔及利亚和日内瓦举行会晤，促成图阿雷格人和其他部族民兵武装于 1994 年 11 月在北部的布雷姆签署了和平协议。从此，这一地区局势出现了转机，政治和经济生活逐步恢复正常，流亡在外的难民陆续返乡。在政府的推动下，各部族通过多次会晤，取得了共识，解散了反政府武装组织。

马里政府在签署《通布图和平协议》后，就着手让约 1.2 万名反政府武装分子重新恢复平民生活。截至 1996 年初，2755 名图阿雷格人放下武器，被整编加入政府军。非整编战士复员后，政府向每人发放 30 万非洲法郎（约 500 美元）遣散费，有时还能领到一笔小额贷款，这样便可做点小买卖，以使他们获得谋生手段。同时，5 年武装冲突中逃到邻国的近 20 万图阿雷格族难民陆续重返家园，恢复生产。为了消除贫困，实现北方的长期和平，政府加大对北方的投资，努力使对北方的投资与全国其他地区处于同等水平。政府还在北方建了学校和医院，挖了井和水塘，开垦了稻田。

1996 年 3 月 27 日晚，马里总统科纳雷在西非国家经济共同体执行主席、加纳总统罗林斯陪同下，在马里北部通布图市出席了焚烧图阿雷格族反政府武装缴出的近 3000 件武器的隆重仪式。这标志着马里政府军与图阿雷格族多年武装冲突的结束和北方恢复和平和重建家园的开始。这是科纳雷总统在任期间奉行民族和解政策的结果。科纳雷总统在国际社会的支持下，通过和平谈判成功地解决了“北方叛乱”问题，结束北方脱离国家主流社会的进程。通布图因此被联合国教科文组织授予“和平之城”奖。

（二）解决学潮问题

为了解决学潮问题，马里政府经过与马里大中学生联合会及和解委员会进行多次谈判，于 1996 年 2 月 23 日达成一项三方协议，即政府同意撤销 1994 年做出的取消学生假期助学金的决定，答应拨款 40 亿非洲法郎（约合 800 万美元）补发假期助学金；学生联合会方面同意保留政府自动开除考试不及格中学生的决定，同意结束持续了长达 3 个月之久（1995 年 12 月至 1996 年 1

月）的全国大中学生无限期大罢课运动。一场旷日持久的学校危机终于得到解决。

马里政府积极奉行独立、和平、睦邻友好和不结盟的政策，反对强权政治，主张通过和平方式解决国际争端和地区冲突，愿在平等、互利和不干涉内政的基础上同所有国家发展合作友好关系。科纳雷总统频繁出席国际会议，展示马里的民主形象，他的外交努力挫败了西方国家借人权及保护少数民族利益对马里进行制裁的图谋。

科纳雷总统在政治和外交上采取的这些举措，为发展国民经济创造了良好的环境。90 年代中叶起，马里经济趋向好转，为此，马里政府采取了发展经济的有效措施：一是在制定“1994～1996 年三年经济增长目标”的同时，严格控制通货膨胀；二是优先发展农业，实现粮食自给；三是整顿公共企业，注重经济效益。国家对有潜力的企业给予支持。①

1997 年 5 月，科纳雷在第二次全国大选中再次获胜，蝉联总统，任期 5 年。大选期间，反对党以选举组织工作不善为由抵制选举，并制造暴力事件。政府被迫逮捕制造动乱的反对党领导人，从而酿成严重政治危机。对此，政府坚持对话协商和武装镇压并举的策略，取得一定成效。1999 年 1 月，在政府倡议下召开全国政治论坛，各党派、社会各界共商修改宪法、选举法、政党法等，紧张局面进一步得到缓解。到 6 月，市镇选举顺利完成，非洲团结正义党以绝对多数获胜，历时两年的选举进程终告结束。2000 年 2 月，因无力使经济摆脱困境，凯塔总理被迫辞职，科纳雷总统重组政府，任命经济金融专家芒代·西迪贝为总理。2001 年和 2002 年上半年，各政党围绕总统大选展开了激烈较量。为参加大选，芒代·西迪贝总理于 2002 年 3 月辞职，科

① 1996 年 5 月 16 日《人民日报》。

纳雷总统随后任命总统府秘书长莫迪博·凯塔为新总理。[①]

在科纳雷的两届总统任期内，马里政府对内按照世界银行的要求，实行“经济结构调整计划”，努力实行经济自由化和贸易自由化政策；对外奉行独立、和平、睦邻友好和不结盟的外交政策，经济上争取外部援助和减免债务，努力让自己的国家在世界上保持一个开放、积极的形象。但由于马里经济所依赖的棉花和黄金在国际市场上价格暴跌，致使马里出现对外债务增加、财政赤字严重、失业率高等一些严重问题。尽管近年来全国粮食产量有所增加，但广大农民的生活和社会保障没有明显改善，特别是在政府及一些国有企业出现严重的腐败问题，引起反对党的一片批评声，对马里民主联盟的继续执政形成强大的压力。

五　杜尔总统时期

2002 年 4 月 28 日，马里进行了新一轮的总统换届选举，有 9 位总统候选人参加角逐，其中 3 人具有较强的竞选能力：执政党候选人苏迈拉·西塞，前总理、马里联盟候选人易卜拉欣·布巴卡尔·凯塔和独立候选人阿马杜·图马尼·杜尔。在这 3 位候选人中，杜尔虽无自己的政党，但他却有广泛的群众基础，并且得到军方的支持。杜尔之所以最后能够胜出，除执政党多年来被严重的经济和社会问题所拖累外，其他方面的原因有：执政党本身的分裂削弱了该党的竞争力；参加本届选举的候选人数量众多，造成选票分散，而有竞争实力者又不多；杜尔在选民中的良好形象，杜尔虽是 1991 年推翻特拉奥雷政权的重要人物之一，但他执政后，以全国团结、和解为重，积极组织通过实行有马里特色的多党制新宪法，并按新宪法举行选举后，在 1992 年将权力和平移交给阿尔法·乌马尔·科纳雷，受到人

① 中华人民共和国外交部网站，国家概况·马里。

们的普遍赞扬。此后，杜尔在国内政治生活中保持低调长达10年。这期间他热心参加国内外的和平、民主与慈善事业，为广大农村送医送药，改善农村饮水状况，积极参与地区冲突的调解工作。杜尔的政治主张和竞选口号比较符合马里的国情，他主张实行“和谐的、和平的、可参与的、非冲突型的民主”，建立超越党派和民族的广泛的爱国阵线。当杜尔宣布参加选举之后，立即有几十个党派团体表示将联合支持他参加竞选，而在第二轮选举中，第一轮投票得票第三的候选人、前总理凯塔也转而支持杜尔。[①]

2002年4月和5月，经过两轮投票，独立候选人杜尔最终以65.01%的得票率（见表3-1）胜出，成为马里新任总统。杜尔上任后，组成以艾哈迈德·穆罕默德·阿格·哈马尼为总理的过渡政府，主要负责组织立法选举。7月和10月，马里举行立法选举。随后，杜尔总统改组政府，哈马尼总理留任，新政府由11个政党组成。

表3-1 2002年马里总统选举结果

单位：%

	第一轮投票	第二轮投票
阿马杜·图马尼·杜尔(独立候选人)	28.71	65.01
苏迈拉·西塞(马里民主联盟候选人)	21.31	34.99
易卜拉欣·布巴卡尔·凯塔(马里联盟候选人)	21.03	—
梯比拉·德拉迈(非洲复兴党候选人)	3.99	—
蒙塔咖·塔尔(全国民主创议大会党候选人)	3.75	—
穆萨·保拉·库利巴里(民主发展同盟候选人)	3.21	—
曲古尔·麦噶(复兴爱国运动候选人)	2.71	—
马马杜·桑加莱(社会民主公约候选人)	2.21	—
曼德·西迪白(独立候选人)	2.01	—

资料来源：*The Economist Intelligence Unit Limited*，2004，p.6。

① 2002年5月27日《人民日报》。

杜尔执政后继续实行多党民主制度，致力于维护国家主权、民族团结、社会稳定和发展经济，并将创造就业机会、发展教育、医疗、提高购买力作为优先解决的4个问题，将发展农业、加大对人力资源投资、改革行政体制作为政府三大政策。

第二节　政治制度

马里自独立以来实行共和制，三建共和国，并实现从一党制向多党民主制的转变。独立之初建立的马里共和国实行一党制，执政党是莫博迪·凯塔领导的苏丹联盟党。1968年11月政变以后实行特拉奥雷的军事独裁统治，直至1979年恢复宪政，举行总统和立法选举，成立第二共和国，执政党是特拉奥雷领导的马里人民民主联盟。1991年3月，特拉奥雷政权被政变推翻，随后，马里实行多党民主制。1992年通过新宪法，举行总统选举，成立第三共和国，国家元首为总统，政府首脑为总理，立法机构是一院制的国民议会。

一　宪法

1960年宪法：1960年国民议会通过了马里联盟党提出的宪法。宪法承认1948年人权宣言的原则。每个公民有劳动的权利和义务。除为了公众的利益外，任何人都不应被强制做某一项工作。宪法承认有罢工、集会和结社的自由。全国所有居民不论出身、种族、宗教信仰，都享有同等权利，负有同样义务；男女一律平等。最高审判权属于国家法院和最高法院。宪法许可马里与其他非洲国家联合或结成联邦。

1974年宪法：1974年宪法的许多条款与1960年宪法条款相近。宪法规定一党制，实行普选制，国家元首5年一任（后来改为6年），保留国会，其成员4年一选（1981年改为3年）。

马里现行宪法为第三共和国宪法，于1992年1月经全国公民投票通过，6月颁布实施。宪法规定，马里为共和制政体。实行立法、行政、司法三权分立。总统由直接普选产生，任期5年，可连选连任一次；总统是国家元首、全国武装力量最高统帅，拥有任免总理和部长、颁布法令、组织公民投票、解散议会、宣布紧急状态等重要权力。国民议会享有立法权和监督权，由147名议员组成，议员由普选产生，任期5年。政府是最高行政执行机构，向国民议会负责。司法独立。公民享有思想、宗教、信仰、言论、结社、劳动、休息、自由经营和社会救助等权利，私人财产不受侵犯。

二 总统

宪法规定总统是国家元首，代表国家统一，保障国家独立，监督遵守宪法，保证公共权力机构正常运转和国家的持续性。总统由直接普选产生，任期5年，可连选连任一次。现任总统是阿马杜·图马尼·杜尔。2002年5月28日当选，6月8日宣誓就职。

三 政府

总理为政府首脑。政府总理和部长由共和国总统任命。政府成员不得兼任议员或其他公共或专业职务。政府成员必须在就职之日向最高法院申报个人财产。政府向国民议会负责。

本届政府于2004年5月产生，成员主要有：总理奥斯曼·优苏菲·马伊加（Ousmane Issoufi Maiga），农业部长赛义杜·特拉奥雷（Seydou Traoré），负责国内事务和政府改革的部长巴迪·乌尔德·冈富德（Badi Ould Ganfoud），通信及信息新技术部长加乌苏·德拉博（Gaoussou Drabo），手工业和旅游部长巴·恩迪亚耶（Bah N' Diayé），文化部长奥马尔·西索科（Oumar Sissiko），国防和老战士部部长马马杜·克拉兹·西苏马（Mamadou Clazié Cissouma），经济和财政部长阿布·巴克尔·特拉奥雷（Abou-Bakar Traoré），国民教育部长马马杜·拉明·特拉奥雷（Mamadou Lamine Traoré），负责就业和职业培训的部长迪娅洛·姆博吉·塞内（Diallo M' Bodji Sène），环境部长南科马·凯塔（Nancoman Kéita），外交和国际合作部长莫克塔·欧万（Moctar Ouane），卫生部长马伊加·泽纳柏·尤巴（Maiga Zeinab Mint Youba），工业和贸易部长乔盖·科卡拉·马伊加（Choguel Kokala Maiga），负责促进投资和私营部门发展的部长兼政府发言人奥斯曼·蒂亚姆（Ousmane Thiam），司法部长芳塔·希拉（Fanta Sylla），牲畜和渔业部长奥马尔·伊伯拉汉·杜雷（Oumar Ibrahima Touré），负责马里侨民和非洲一体化的部长奥马尔·哈马杜恩·迪科（Oumar Hamadoun Dicko），矿产、能源和水利部长哈米德·迪亚内·塞梅加（Hamed Diane Séméga），负责计划和地区发展的部长马里芒蒂亚·迪亚拉（Marimantia Diarra），妇女、儿童及家庭事务部长贝尔特·艾莎塔·本加利女士（Mme Berthé Aissata Bengaly），社会发展、团结和老年人部长狄伯里·坦加拉（Djibril Tangara），国有财产、土地事务部长苏马雷·阿米纳塔·斯迪拜（Soumaré Aminata Sidibé），领土整治和地方行政部长卡富古纳·科内（Kafougouna Koné）[1]。

四　立法与司法

马里的立法机构为一院制的国民议会。国民议会是国家的最高权力机构，享有充分的立法权、广泛的监督权

[1] *The Economist Intelligence Unit Limited*, 2005, p. 4.

和完整的自主权，日常运作依据《议会内部章程》进行。议员由普选产生，任期5年。议会设议长、副议长及执行局、专门委员会和议会党团。议会负责制定法律，批准政府的各项法令及国家财政预算等。此外，议会还有权组成专门或临时调查委员会，就特定问题进行调查、评估并提出报告和处理意见。本届国民议会于2002年11月产生，现有议员147名。以马里联盟党为主的"希望2002"政党联盟占64席，以正义党为主的"共和与民主同盟"政党联盟占59席，由各小党组成的"轮替和变更联盟"政党联盟占10席，独立候选人与民主独立和非洲团结党各占8席和6席。现任议长易卜拉欣·布巴卡尔·凯塔（Ibrahim Boubacar Kéita，马里联盟党），2002年9月16日当选。

马里司法独立，主张法律面前人人平等。其司法体制受法国影响较大，主要由宪法法院、最高法院、高级法院、行政法院、上诉法院、重罪法庭、一审法院、巴马科地区法院、商业法院和劳动法院等机构组成，大致分工如下：

宪法法院：马里第三共和国首次设置。负责裁决法律、法规和法令是否违反宪法，监督选举和公民复决。

最高法院：系终审法院，负责审理涉及国家行政机关和国家财政的有关案件。下设司法院和行政财务院。司法院由最高法院主席主持，由刑事法庭、民事法庭、社会法庭和商业法庭组成，各庭设庭长1人、推事数人。

高级法院：负责审理涉及国家元首、部长等国家高级官员的诉讼案，由国民议会议员组成。为第三共和国宪法首创。

行政法院：是审理涉及国家行政机关诉讼案件的初审法院，设在巴马科、莫普提和卡伊三市。

上诉法院：下设民事、刑事、商业、诉讼程序、社会等法庭。民事庭设1名庭长、2名推事；刑事法庭由1名庭长、2名推事组成，负责审理情节较轻的刑事犯罪案件，量刑为3年至5

年徒刑不等；诉讼程序庭受理有关初审法院保释决定的诉讼。

重罪法庭：为初审法院，负责审理有关杀人、武装叛乱等重大刑事案件，所判徒刑由5年至死刑不等。由1名庭长和2名推事组成。

一审法院：为初审法院，负责审理各种刑事和民事诉讼案件。由1名院长、1名检察官、数名审判官、数名检察官助理及数名预审法官组成，设于全国各地。

商业法院：为初审法院，受理有关合同执行、贸易纠纷等商业诉讼案件。由1名院长和2名以上的非法官组成的陪审团组成。

治安法院：受理权限同一审法院。一般由1名法官主持，他身兼院长、检察官、预审法官等数职，设置于部分省区。

劳动法院：受理有关劳资纠纷的诉讼。由1名法官主持，2名劳工代表和雇主代表组成的陪审团协助。

五 政党、团体

马里的政党产生于第二次世界大战之后。二次大战后，菲利·达波·西索科和莫博迪·凯塔在马里建立了第一个政党——非洲民主联盟苏丹支部，即苏丹联盟党。苏丹联盟党及时地提出了激进的反殖民主义的纲领，赢得了马里人民的支持，特别在城市工人和知识分子中影响更大。在1957年3月的选举中，苏丹联盟党在国民大会的70个席位中获得了60个席位。[①] 独立后，马里实行一党制，苏丹联盟党成为全国唯一的政党，党的总书记凯塔任总统，他集国家元首、政府首脑和军队最高统帅于一身。1968年穆萨·特拉奥雷发动军事政变后苏丹联

① 〔德〕恩诺·博伊歇尔特：《马里》，上海人民出版社，1976，第127～130页。

盟党被取缔。1979 年 3 月马里人民民主联盟成立，特拉奥雷当选为总书记。1991 年 3 月特拉奥雷政权被推翻后，马里开始实行多党制，随后一大批政党相继成立。1993 年 7 月全国会议制定和通过《政党法》，已登记的合法政党多达 80 余个。其中主要的有：

非洲团结正义党（Parti Africain pour la Solidarité et la Justice） 曾为执政党。成立于 1991 年 5 月，其前身为科纳雷于 1990 年 10 月创建的马里民主联盟，曾为推翻穆萨·特拉奥雷政权而斗争。后苏丹联盟党、马里社会党从该组织中分离出去，另组新党。1991 年 5 月 25～26 日，民主联盟召开全国大会，决定成立非洲团结正义党。大会制定了党纲，通过了《国家团结声明》和《致马里人民书》，并选举了新的领导机构，阿·奥·科纳雷当选为该党主席，穆哈迈杜·迪科当选为总书记。1992 年 3 月马里举行立法选举，该党获全部 129 个议席中的 76 席，成为执政党，随后在 4 月举行的总统选举中，该党主席科纳雷当选为马里第三共和国首任总统。

非洲团结正义党主张建立民主、繁荣、独立的新马里；巩固和扩大各领域的民主；建立法制、自由、公正、进步的社会；推动经济、社会和文化的发展，合理分配收入。“自由、劳动、团结”为该党箴言。当前的主要任务是促进农业发展，改善劳动者的生活条件；促进青年的发展，增强妇女在国家建设中的责任感。对外主张促进非洲团结和该地区的一体化。党的最高权力机构为全国代表大会，每 3 年召开一次；全国会议为全国代表大会闭会期间的领导机构，每年举行一次会议；中央执行委员会由全国代表大会选举产生，由 23 人组成，每周举行一次例行会议。党的地方机构有省委、县（区）委和基层委员会。下设妇女、青年等群众组织。2001 年 6 月，原党主席易卜拉欣·布巴卡尔·凯塔（Ibrahim Boubacar Kéita）退党，该党出现较大分裂，力量受到削弱。主席迪翁昆达·特拉奥雷(Dioncounda Traoré)，总书记马里芒蒂亚·迪亚拉（Marimantia Diarra）。

马里联盟党（Le Rassemblement pour le Mali） 系由部分原正义党成员于2001年6月成立。宗旨：在多党共和体制下实行社会民主，实现国家团结，全体公民最广泛地参与政治协商和国家管理，相互尊重，共同发展，建立自由、正义、团结、民主的社会；主张实行市场经济，国家对私营经济加以规范，强调社会发展应以人为本。该党成员成分广泛，来自社会各阶层。国内及海外均建有党部。国内党部下还建有分党部（市镇一级），全国每一个村庄都至少建立一个基层委员会，党组织在全国的覆盖率超过90%。2002年1月，召开第一次党代会，选举出党的领导机构全国政治局，共53名成员。主席凯塔，总书记博卡里·特雷塔（Bokari Tréta）。

全国民主创议大会党（Le Congrès National d'Initiative Démocratique） 前身是全国民主创议委员会，1991年5月成立。该党的宗旨是依据宪法，以民主的方式参与国家的政治管理；建立法制国家，实现政治、经济和社会的民主化；合理分配收入，公民享有平等竞争权；维护国家主权和民族团结，尊重少数民族的权利。1993年4月参加以阿卜杜拉耶·塞古·索为总理的多党联合政府，1994年4月退出，成为在野党。主要成员是年轻的知识分子。主席蒙塔加·塔尔（Mountaga Tall）。

苏丹联盟—非洲民主联盟（L'Union Soudanaise-Rassemblement Democratique Africain） 1946年成立，时称非洲民主联盟苏丹支部，亦称苏丹联盟，由莫迪博·凯塔和马马杜·科纳特创建。其宗旨是为民族独立而斗争。该党为马里摆脱法国的殖民统治和民族独立起过重要作用。马里独立后成为唯一执政党。组织从农村一级、各城市居民区一级经过大区一级最终到全国一级。党的最高机构是代表大会，按规定每两年就要召开会议。党书记处行使职权，制定党的政策。执行局监督政策的实施情况。该党下设马里工人全国联合会、马里妇女联合会、前线军人联合会、劳动妇女联合会、和平运动等群众组织。1968年11月，穆萨·特拉奥雷中尉发动军事政变，推翻了莫迪博·凯塔政权，该联盟被宣布为非法政党，予以取缔，部分人员转入地下，直到1990年10月以后，才恢复公开活动。该联盟恢复活动后，首先同马里劳动党等联合，成立马里民主联盟，1991年3月，特拉奥雷政权倒台后，民主联盟发生分裂，苏丹联盟另组临时委员会，修改党章、党纲，于1991年4月22日正式重建党组织。该联盟宣称它不是马列主义政党，但要从科学社会主义中吸取某些原则，把科学社会主义与马里国情结合起来。它主张在马里建设政治、经济、社会和文化高度发展的新社会，强调民族团结和统一，拥护《人权宣言》所规定的公民基本权利；鼓励企业自由竞争，保护公共财产，维护国有企业利益；提高人民生活水平。与其他一些党派一起，同当时的议会多数派政党——团结正义党签署了联合执政的《共和公约》，参加了第三共和国政府。该联盟支持重建国家权威，致力于人民和解。该联盟章程规定，全国代表大会是联盟的最高权力机构，每3年召开一次。1991年7月25~28日，该联盟召开重建后的首届代表大会，选出了党的领导机构——全国委员会和执行局，现任总书记为马马杜·戈洛戈。全国委员会每年召开一次例会，审查党的组织和活动情况；执行局负责党的日常工作，并向全国委员会报告。该联盟在地方和基层均建立了组织。总书记马马杜·巴穆·杜尔(Mamadou Bamou Toure)。[①]

---

① 葛佶主编《简明非洲百科全书》(撒哈拉以南非洲)，中国社会科学出版社，2000，第580页；《世界政党大全》，贵州教育出版社，1994，第681页。

马里

马里人民民主联盟（the Union Democratique du Peuple Malien） 1979年3月成立。1968年11月，穆萨·特拉奥雷发动军事政变上台后，宣布废除宪法，停止一切政党和群众组织的活动。1976年9月，特拉奥雷宣布筹建新的政党，1979年3月正式举行人民民主联盟成立大会，特拉奥雷当选为总书记。1981年2月，该联盟举行全国特别代表大会，决定改革经济体制，调整经济政策；加强党的领导，整顿党的各级领导机构；扩大党内民主，吸收具有各种倾向的人入党，以增强党的活力。1982年2月，该联盟举行第一次全国代表大会，重申坚持特别大会通过的政治路线和经济方针。1985年3月举行第二次全国代表大会，提出为实现“粮食自给战略”而奋斗，优先发展农牧业，同干旱和沙漠化作斗争，进一步致力于经济改革。1987年3月，该联盟召开第二次特别代表大会，通过了《国家指导宪章和公共生活准则》、《党的内部章程和规定》修改草案，决定制定和实施国家经济复兴计划。1988年3月，该联盟召开第三次全国代表大会，重申了第二次特别代表大会的基本路线和决策。

该联盟纲领规定，人民民主联盟是全体马里人民的党，党的总目标是在马里建立一个民主、正义的社会，坚持走以独立和有计划的民族经济为基础的发展道路。联盟对外主张不结盟和睦邻友好，坚持反帝、反殖、反对种族主义，支持民族解放运动，强调区域性经济合作和非洲团结，主张在平等、互利和互不干涉内政的基础上同所有国家发展友好合作，重视同第三世界国家的关系。联盟的最高权力机构是全国代表大会，每5年举行一次；全国委员会为全国代表大会闭会期间的最高领导机构，每年举行一次会议；中央执行局由全国委员会选举产生，每周举行一次会议。地方组织有：省党部、县党分部，基层组织为支部。机关报为《发展报》。1991年3月特拉奥雷政权被推翻，人民民主联盟也随之解散。

其他政党还有民族复兴党、复兴爱国运动、非洲一体化民主联盟、新民主和劳动党、民主进步党、民主进步联盟、民主正义党、民主领导联盟、民主发展同盟和马里发展党等。

第三节　著名政治人物

一　莫迪博·凯塔（Keita, Modibo, 1915～1977）

马里共和国第一任总统。1915 年 6 月 4 日生于巴马科，班巴拉族人，信伊斯兰教。1945 年毕业于达喀尔的威廉·蓬蒂（William Ponty）师范学校，在巴马科、锡卡索和卡巴拉任教员。同时开始参加反对殖民主义活动。第二次世界大战以后，参与组建苏丹联盟党，1947 年任总书记。1948 年担任苏丹领地议会议员。1950 年因进行反对法国殖民者的活动被流放到撒哈拉地区教书。流放期间，于 1952 年再次当选苏丹领地议会议员并任副议长，随后回到巴马科。1953～1956 年任法属西非大议会和法国联邦议会议员和法国国民议会副议长，是第一位担任此职的非洲人。1957 年起，两度在法国政府中担任阁员。1958 年苏丹自治，任总理。1959 年 4 月苏丹和塞内加尔组成马里联邦后任联邦总理。1960 年 9 月 22 日马里独立后，凯塔任马里共和国总统兼总理、国防和外交部长。凯塔努力促进非洲国家，首先是西非诸国的联合，是非洲联邦主义的代表人物之一。在他的领导下，马里曾在 1960 年与加纳、几内亚组成联邦。凯塔主张实行“社会主义”，在国内推行较为激烈的社会变革和国家发展计划。执政后期，马里经济和财政困难，粮食供应不足，群众不满。1968 年 11 月在下级军官发动的不流血政变中被推翻。1977 年 5 月 16 日去世。1995 年 5 月，马里政府决定为马里独立的奠基人莫迪博·凯塔恢复名誉，并决定每年 5 月 16 日为其举行逝世纪念活动。

二 穆萨·特拉奥雷（Moussa Traoré，1936～）

1968年11月～1991年3月先后任全国解放军事委员会主席、共和国总统、政府首脑、马里人民民主联盟总书记。1936年9月25日生于马里西部卡伊大区的一个农民家庭，马林凯族，信奉伊斯兰教。曾先后就读于马里卡蒂军人子弟学校和法国南部弗雷儒斯军事学校。从1955年起在法国军队中服役。

1960年马里独立后，特拉奥雷回国参加组建马里军队工作。1962年为少尉。1964年被派往非洲统一组织解放委员会工作。后调马里卡蒂综合军事学校任教官、副校长。1968年11月19日特拉奥雷率领一批青年军官发动政变，推翻总统莫迪博·凯塔政权，解散了执政党苏丹联盟，废除宪法，解散议会，建立全国最高临时领导机构——马里全国解放军事委员会，任该委员会主席兼武装部队总司令，履行国家元首职责。1969年9月兼任政府总理。1971年10月晋升为少校。1977年任西非经济共同体主席。1978年兼任国防部长，同年9月从上校晋升为准将。

1974年以特拉奥雷为首的军人政权，决定恢复宪法，推行全国和解政策，同年6月通过新宪法。1979年3月马里执政党马里人民民主联盟正式成立，特拉奥雷当选为总书记。同年6月19日当选为马里第二共和国总统，任期5年，仍兼任政府总理和国防部长。1985年6月9日，穆萨·特拉奥雷再次当选为马里第二共和国总统。任期6年。1988年5月当选为非洲统一组织第24届执行主席。

特拉奥雷执政初期，为维护民族独立和国家主权，发展民族经济和文化进行了不懈努力。对外奉行不结盟和睦邻政策，反对帝国主义、殖民主义和种族主义，支持民族解放运动，坚持反对外来势力对非洲事务的干涉。特拉奥雷执政后期，因社会经济发展迟缓，人民生活长期得不到改善，加之政治上的专制统治，所以政局趋向动荡。

1991 年 3 月，马里发生反对特拉奥雷政权的社会抗议运动。特拉奥雷命令部队向支持反对党的示威群众开枪，造成 100 多人死亡。3 月 25 日特拉奥雷政权被推翻。1993 年 2 月，马里共和国最高法院判处穆萨·特拉奥雷死刑，基于两大罪状：一是下令向示威群众开枪；二是在任总统期间大量侵吞国家财产。1996 年 3 月，科纳雷将他特赦。1997 年 12 月，被改判为终身监禁。1999 年 1 月 12 日巴马科重罪法庭，以“侵吞公共财物及非法敛财”等罪判处穆萨·特拉奥雷死刑。[①] 2002 年 5 月，在卸任前夕，科纳雷总统出于人道主义考虑，他下达了一道特赦令，宣布释放特拉奥雷。[②]

特拉奥雷曾于 1973 年 6 月、1981 年 8 月、1986 年、1989 年 1 月四次访问中国。

三 阿尔法·乌马尔·科纳雷（Alpha Oumar Konaré，1946 ~ ）

1992 ~ 2002 年担任马里总统。1946 年 2 月 2 日出生于马里卡伊大区，先后在巴马科、达喀尔和华沙学习，获华沙大学历史系博士学位。曾任中小学历史教员，领导过学生运动。1978 年出任青年和文化部长。1979 年 7 月任负责文化、体育、艺术等事务的青年部长。1980 年后任高等教育中心研究员。1983 年创办马里首家私营新闻机构《雅马纳》杂志社。1990 年 10 月创建马里民主联盟。1991 年 5 月，以该联盟为基础创立非洲团结正义党并任主席。1992 年 4 月首次当选总统，1997 年 5 月连选连任。曾于 1992 年 12 月和 1996 年 9 月访华。

① 1999 年 1 月 14 日《人民日报》。

② 金羊网，2002 年 7 月 21 日。

著有《非洲政权观念》、《马里人文编年史》、《马里宪法》和《马里政党》等书。

科纳雷政府对内实行多党民主制和经济、贸易自由化政策，致力于维护国家统一和社会稳定，恢复和发展经济。他执政期间成功解决了北部图阿雷格人问题，平息学生运动，并与世界银行和国际货币基金组织合作推进马里的经济结构调整。对外奉行独立、和平、睦邻友好和不结盟的外交政策，强调外交为发展经济服务。

四　阿马杜·图马尼·杜尔（Toure，Amadou Toumani，1948～）

现任总统。1948年9月4日生于马里莫普提大区。曾就读于巴马科巴达拉布古师范学校、凯蒂综合军事学校、库利科罗军校和苏联里亚查伞兵专科学校，并多次赴法国军校进修、培训。1978年起，历任伞兵营连长、总统卫队长、伞兵部队司令，1988年晋升为中校军衔。1991年3月26日，发动政变推翻穆萨·特拉奥雷政权，并先后任全国和解委员会和救民过渡委员会主席，执掌过渡时期国家最高权力。杜尔以全国团结、和解为重，积极组织通过实行有马里特色的多党制新宪法，并按新宪法举行选举后，在1992年6月将权力和平移交给科纳雷，还政于民。1996年10月晋升上将，2001年9月从军队退休。2002年初竞选马里总统并于5月成功当选，6月8日宣誓就职。1992、1994和1996年先后获马里国家大十字勋章、法国荣誉军团三等勋章和中非二等功勋奖章。

五　马马杜·戈洛戈（Mamadon Gologo，1924～）

苏丹联盟—非洲民主联盟总书记。1924年生于马里库利科罗大区。早年在国内接受初等教育，1941年就读于达喀尔医药学校，1948 年获该校医学毕业证书。毕业后，留在塞内加尔当军医，一年后，辞职回国，供职于法属苏丹地方卫生服务局，后来，一直从事医务工作。在塞内加尔期间，参与苏丹民主党的建党活动。1958 年，当选党的政治局委员，负责新闻、宣传工作。马里独立前曾任苏丹共和国卫生和社会事务部办公厅主任、新闻国务秘书、局长、新闻专员等职；独立后，被任命为新闻、旅游部长至 1968 年政变。此后三年被捕，出狱后继续从事秘密活动，并试图恢复苏丹联盟。在 1991 年 7 月 25 ~ 28 日召开的全国代表大会上，当选为该党总书记。曾于 1967 年和 1993 年两次访华。

六 穆哈迈杜·迪科（Mohanmedoun Dicko，1938 ~ ）

马里非洲团结正义党总书记。1938 年 10 月 14 日生于巴马科。1966 ~ 1972 年在莫斯科学习。1972 ~ 1978 年担任中学教师。1979 ~ 1982 年攻读博士学位。1983 ~ 1991 年 4 月在巴马科高等师范学校任教。1991 年 4 月起任高教局长。自 20 世纪 60 年代起任非洲民主联盟—苏丹联盟负责人。1969 ~ 1971 年任马里留苏学生联合会秘书长。1969 年任马克思主义小组负责人，马里革命民主党创始人。1990 ~ 1991 年任马里争取民主同盟执委会成员。1991 年 5 月非洲团结正义党成立时当选为总书记。

第四节 军事

一 建军简史

马里的军队是 20 世纪 60 年代随着国家的独立而建立起来的。独立后，政府召回在法国外籍军团中的本国青年，并以此为基础组建了军队。1961 年 1 月 20 日，马里要求法国撤走驻军，后将这一天定为建军节。虽然这支军队还很年轻，但是在马里的政治生活中举足轻重。1992年根据政府和北方图阿雷格族达成的《国内协定》，许多图阿雷格游击队加入马里正规部队。马里军队参加过在安哥拉、海地、利比里亚和卢旺达的维和行动。1999年马里军队与西非其他国家的军队一起参加了在塞拉利昂的维和行动。①

二 国防体制

总统为国家元首兼全国武装力量最高统帅。总统通过国防部和总参谋部对武装力量实施指挥和领导。国防部是军队最高行政机构。总参谋部是最高军事指挥机构。武装力量由正规军和准军事部队组成。正规军只设陆军1个军种，陆军下辖海上联队和航空联队。准军事部队包括宪兵、警察、共和国卫队和民兵。实行义务兵役制，服役期2年。

马里领导人十分重视对军队的领导。马里首任总统莫迪博·凯塔加强执政党对军队的领导，要求军人必须参加执政党。1968年11月，政变上台的穆萨·特拉奥雷既是国家元首又兼国防部长，并把军官安排到党和政府部门任职。在马里独立后的三十多年时间里，2/3时间是军队左右国家政局，“民主”之风吹到马里后，虽然是文官政府，但是军队在马里仍然是一支重要的政治力量。马里的兵力部署重内地、轻边防，主要兵力部署在首都巴马科和中心城市，大部分国境线基本不设防。广大农村地区只有少量宪兵和警察维持治安。

三 军事力量

建军初期马里军队只有单一的步兵，现在建成了一支以陆军为主体，辅以一定数量空军、坦克兵的合成部

① *The Economist Intelligence Unit Limited*, 2001, p. 57.

队。

武装力量由陆军、空军、宪兵、警察、共和国卫队和民兵组成，总兵力约1.5万余人（见表3-2）。总参谋长图马尼·西索科（Toumani Cissoko）上校。

表3-2　2003年马里军事力量

正规军(Army)	7350
陆军	6900
空军	400
海军	50
辅助军(Paramilitary Forces)	7800
宪兵队(Gendarmerie)	1800
共和国卫队(Republican Guard)	2000
国民自卫队(Militia)	3000
警察(National police)	1000
总　计	15150

资料来源：*The Economist Intelligence Unit Limited*, 2004, p.12。

四　国防预算

由于马里军队规模较小，所以国防预算占国内生产总值的比例较低。1991年国防开支为136.46亿非洲法郎，占国家预算的4.6%。[①] 从1992~1995年马里军费支出占国内生产总值比例平均为2.30%（见表3-3）。进入21世纪初，马里的国防预算仍然十分有限，2002年马里国防预算520亿非洲法郎[②]，折合7460万美元。

① *The Economist Intelligence Unit Limited*, 2001, p.58.

② *Africa South of the Sahara 2005*, p.718.

表 3－3　军费开支及比例

年　度	国内生产总值(亿美元)	军费开支(万美元)	%
1992	28	6560	2.34
1993	21	4200	2.00
1994	21	5100	2.43
1995	23	5600	2.43
1996	—	5000	—

资料来源：全民国防教育网（Http：//www.gf81.com.cn/15/aff31.htm）。

五　武器装备

马里军队的武器装备主要来自前苏联、美国和德国。法国主要负责培训军官。马里主要武器装备有：装甲车 70 辆、坦克 39 辆；牵引炮 20 余门、迫击炮 30 余门、高炮 12 门；地—空导弹 12 部；飞机 32 架，其中作战飞机 16 架、直升飞机 4 架；舰艇 3 艘；火箭炮 2 部。①

① 《世界军事年鉴》（2002），解放军出版社，2002，第 278～279 页。

第四章
经济

第一节 概述

一 经济发展水平

马里是西非撒哈拉沙漠南缘的一个内陆国家，约有 2/3 的领土为沙漠或半沙漠地区，主要经济活动是农牧业，集中在尼日尔河流域，约占国土面积的 1/15。马里农村人口占全国人口的 80% 以上，国内生产总值的 50% 来自农业。马里工业基础薄弱，工业制成品主要依靠进口。在历史上，马里曾是加纳、马里、桑海帝国的中心地区，农牧业比较发达，曾享有“西非粮仓”的美誉。1895 年沦为法国殖民地后，经济命脉掌握在法国殖民者手中。经济活动以粟类、高粱类等粮食生产和牛羊放牧饲养为主，农产品的商品率较低。全国仅在巴马科、塞古、锡卡索、莫普提等主要城市分布有小型电厂以及机械修理、碾米、轧花、榨油等小型工厂。工业制成品大部分不能生产，主要依靠进口。出口物资主要为花生、牲畜和鱼类等产品。独立以来，马里为发展民族经济进行了不懈的努力和有益的探索。独立之初马里选择“非资本主义”发展道路，实行国家对经济生活的全面干预。自 1988 年开始，马里实施经济结构调整计划和国营企业改革计划。1992年起，多次与世界银行和国际货币基金组织签订经济结构调整协议，执行结构调整和经济自由化政策，优先发展农业。经过十多年的努力，马里宏观经济环境有所改善，经济恢复增长。

20世纪90年代，马里经济增长呈上升趋势，整个80年代国内生产总值（GDP）的年均增长率为2.8%，90年代增长到3.6%。[①] 90年代中期之后，由于经济结构调整作用的显现，经济得到较快的发展。1998～2002年，马里GDP的年均增长率为5.6%，其中2002年比上年实际增长9.7%。[②] 2003年马里GDP达到44.29亿美元，又比2002年增长7.4%（参见表4-1）。

表4-1　马里主要经济指标

年　份	2000	2001	2002	2003
GDP(按市场价格,百万美元)	2656	3018	3297	4429
GDP实际增长率(%)	-3.3	11.9	4.2	7.4
消费品价格上涨(%)	-0.7	5.2	5.0	-1.3
人口(年中,百万)	11.9	12.26	12.62	13.01
出口(百万美元)	545	725	875	951
进口(百万美元)	592	735	713	964
外债(百万美元)	2980	2917	2834	3129
棉花产量(万吨)	24.3	57.1	44.0	62.0
黄金产量(吨)	28.3	53.7	66.1	51.6
汇率(西非法郎比美元)	712.0	733.0	697.0	581.2

资料来源：*The Economist Intelligence Unit Limited*, 2005, Mali, p.5。

① *Africa South of the Sahara 2002*, London, the Gresham Press, p.616.

② *The Economist Intelligence Unit Limited*, 2004, Mali, p.48.

由于经济基础薄弱，马里仍然是世界上最贫困的国家之一，1994年人均国内生产总值仅176美元。据世界银行1998/1999年发展报告，1997年马里人均收入为260美元，在世界上排名第118位。1999年马里人均国民生产总值（GNP）只有240美元，在西非位于加纳、几内亚和塞内加尔之后。[①] 2001年在联合国开发计划署的人类发展指数排名表上，马里在162个国家中名列第153位[②]。2003年马里人均国民生产总值只有290美元[③]。

二 经济结构

马里是一个传统的农牧业国家，农牧业在国内生产总值（GDP）中占的比例一直很高。1965年马里农牧业产值占国内生产总值的50.9%，[④] 直到1997年，农牧业占GDP的比重仍有49%。在农业方面，除了粮食生产，棉花、花生、牲畜都是马里传统的出口商品。工业基础薄弱，主要工业部门有食品、纺织、卷烟、建筑材料、机修和制药等。1997年工业产值占GDP的比重只有17%。近年来，马里黄金产量增长很快，迅速提升矿业产值，2001年马里矿业产值比上年增长81.5%，2002年矿业增长率仍然高达22.5%（见表4-2）。矿业的快速发展，推动工业产值比重上升，2002年工业产值在GDP中的比例增加到29.7%（见表4-4）。

① *Africa South of the Sahara 2002*, London, the Gresham Press, p. 617.

② 中华人民共和国外交部网站。

③ World Development Indicators Database, August 2004.

④ 〔苏〕拉钦科等：《马里共和国》，商务印书馆，1981，第74页。

表 4-2 马里的经济结构

（10 亿非洲法郎；按 1987 年的价格；括号中的百分数是年增长率）

	1998	1999	2000	2001	2002
第一产业	370 (2.6)	404 (9.2)	430 (6.3)	374 (-12.9)	434 (16.2)
其中畜牧业	100 (6.9)	105 (4.7)	109 (4.3)	112 (2.8)	113 (1.6)
第二产业	161 (6.5)	165 (2.4)	177 (7.5)	232 (31.1)	259 (11.5)
其中矿业	46 (21.9)	51 (9.8)	57 (11.1)	104 (85.1)	128 (22.5)
第三产业	276 (5.5)	293 (6.2)	303 (3.2)	327 (6.5)	329 (0.6)
其中商业	124 (4.2)	137 (10.3)	142 (3.7)	156 (10.8)	155 (-0.7)
GDP	807 (4.3)	862 (6.8)	909 (5.5)	933 (2.2)	1022 (9.6)

资料来源：*The Economist Intelligence Unit Limited*，2004，Mali，p. 49。

表 4-3 马里 GDP 的构成

单位：10 亿非洲法郎

	1997	1998	1999
农业（包括林业、渔业）	578.3	632.6	706.8
矿业	72.1	97.3	99.9
手工业	90.8	92.8	92.5
电、气、水	21.8	24.7	26.5
建筑和公共工程	80.6	85.0	86.6
交通、电信	64.3	70.7	85.3
贸易	215.2	214.1	229.0
其他市场服务	79.9	83.6	70.4
公共管理	105.3	106.7	118.2
进口税	112.6	122.4	136.8
GDP 总值	1420.9	1529.9	1652.0

资料来源：*Africa South of the Sahara 2002*，London，the Gresham Press，p. 623。

表 4-4 三大产业占 GDP 的比例

	1999	2002	2003
农业占 GDP 的比例(%)	46.5	34.2	36.3
工业占 GDP 的比例(%)	16.7	29.7	27
服务业占 GDP 的比例(%)	36.8	36.1	36.7

资料来源：World Development Indicators Database, August 2004.

三 基本经济制度及其演变

独立以来，马里的经济发展战略经历了从以国家干预为核心的“非资本主义”发展道路向以经济自由化为核心的结构调整战略的转变。独立之后，马里先后制定了经济与社会发展的第一个五年计划（1961~1965）、财经复兴三年计划（1970~1973）和第二个五年计划（1974~1978）等经济计划，实行“社会主义”的计划经济。20 世纪 80 年代因国内经济日益困难，接受世界银行和国际货币基金组织提出的结构调整计划，实行经济改革。

（一）独立之后走“非资本主义”的发展道路

1. 经济社会发展的第一个五年计划（1961~1965）

1960 年独立以后，马里摆脱了殖民主义统治，莫博迪·凯塔领导的苏丹联盟党政府选择“非资本主义”的发展道路，制定经济与社会发展计划，实行“社会主义”计划经济。苏丹联盟党在一次特别大会上提出了马里经济社会发展的“一五”计划。该计划要为马里的经济和社会革命奠定基础，并保证国家有步骤地发展，在此过程中使国家直接从殖民阶段过渡到“社会主义”阶段。1963 年 1 月，马里国民大会通过了马里 1961~1965 年经济和社会发展五年计划。这个计划规定，马里全国总产值的年增长率为8%。[①] 该计划的主要目标有：动员一切力量，在经济上着手于非殖民主义化，实现真正的经济独立；努力发展经济，加速改变不发达的现状；建立一个将殖民势力排除在外的所有新兴国家参加的非洲货币联盟。

"一五"计划总共投资2.56亿美元，基础设施的投资占第一位，达48.6%，农业投资居第二位达25.6%（见表4－5）。为了充分保证马里本身的需要以及扩大出口，将发展农业作为首要任务。计划建立农产品加工及为农业提供装备的企业。提出了进行矿物及动力资源勘探的任务，并宣布动力和采矿工业由国家垄断，但在加工工业中，规定国营经济成分和私营经济成分并存。为了保证资金的供应，政府打算实施强硬的价格和工资政策，即稳定物价、冻结工资。

表4－5　马里1961～1965年投资计划

单位：百万美元

交　通	124.4	48.6%
农　业	65.6	25.6%
社会、管理事业	29.6	11.5%
制造业	16.0	6.25%
电　力	16.0	6.25%
探　矿	4.4	1.8%

资料来源：William Irvin Jones, *Planning & Economic Policy in Mali*, Three Continents Press Washington DC, p. 119。

"一五"计划期间，在农业方面，棉花和水稻的产量增加了，还种植了一些有发展前途的新作物（甘蔗、烟草和茶叶）。在工业方面的投资达120亿马里法郎，建成30个工业企业。在巴马科、塞古、尼奥诺等地区新建一些皮革、卷烟、纺织、制

① 〔苏〕拉钦科等：《马里共和国》，商务印书馆，1981，第119页。

糖、榨油等农牧产品加工工业企业。此外，重视基础设施，特别是道路网的建设，“一五”期间，用于发展交通运输的投资为150亿马里法郎。在能源方面，巴马科附近的索图巴水电站（容量为5400千瓦）是马里“一五”计划的大型建设项目。这项工程花费28亿马里法郎，于1966年投产。1959～1968年国民经济各部门总产值年增长率为2.35%，几与人口的增长率相等。特别是工业产值约增长1倍，农产品产值增长约为30%。

马里在执行“一五”计划的过程中，得到了总额5.6亿美元的外援，其中已支付的金额达3.76亿美元，人均受援额约84美元。

2. 经济社会发展的三年计划（1971～1973）

1968年军事政变以后，马里建立了新的计划机构——最高计划会议，领导计划委员会、经济及社会委员会和部门经济委员会，其任务是编制和执行1971～1973年整顿经济、财政的三年计划。该计划于1970年9月通过。

“三年计划”确定的目标是：全国总产值达到年平均增长5%，农民和小手工业者的收入年平均增长达到4.1%，工人工资年平均增长达到8.3%，行政部门的职员工资总额年平均增长达到5%。

为了实现预定的发展计划，需要投资776亿马里法郎，其中106亿马里法郎依靠国内拨款，670亿马里法郎的投资靠外援，而且70%以上的外援期望来自赠款，其余作为贷款。

在“三年计划”中，农业的发展具有头等重要的意义。农业生产的提高主要通过“三项运动”（棉花、花生及稻米）来实现。计划要集中加强下列4个地区的耕作业投资：（1）尼日尔河上游河谷；（2）“尼日尔河开发管理局”所属耕地；（3）尼日尔河中游的迪雷—贡达姆湖区；（4）塞林格区（需在尼日尔河上游的塞林格兴建水坝）。此外，经济作物甘蔗和烟草的产量计划增长一倍。

在畜牧业方面，计划要继续灌溉干旱区的牧场，并在扬福利拉建立繁殖良种牲畜的畜牧站。

在能源方面，“三年计划”规定要扩建索图巴水电站及巴马科、马尔卡、库利科罗、萨恩、库佳拉和法拉的热电站，利用太阳能，以及研究尼日尔河上游桑卡拉尼河上的塞林格水电站的建设方案。

在工业方面，同“一五”计划一样，将农产品加工及为农业服务（农具和化肥）的企业置于优先发展的地位。在运输及基础设施方面，计划要继续进行已经开工的道路建设，完成塞努国际机场的建设，实现铁路运输的现代化。

在执行计划的过程中，由于计划投资总额及其在各个经济部门的分配发生了变化，曾对计划进行修订（见表4－6）。

表4－6 1971～1973年马里三年发展计划在各个部门的投资分配

单位：亿马里法郎

经济部门	最初计划方案	最终计划方案	投资来源			实际执行情况
			国内	国外	合计	
第一部类	199	265	36	196	232	126
第二部类	149	303	35	242	277	183
基础设施	247	330	51	212	263	157
运输业	31	51	13	23	36	32
社会需要	101	153	19	70	89	60
调查部门	49	56	2	37	39	29
总计	776	1158	156	780	936	587

资料来源：〔苏〕拉钦科等：《马里共和国》，商务印书馆，1981，第122页。

“三年计划”期间，全国生产总值的年均增长率为4.75%，略低于计划数字（5%），扣除2.5%的人口年增长率，全国生产总值的人均实际增长率为2.25%。每个居民的平均收入从1969

年的2.38万马里法郎增至1972年的2.95万马里法郎。

农业方面，虽然在水稻、棉花、花生及洋麻生产上取得了显著的成绩，但是，持续的干旱给农业和畜牧业带来了严重的损失，谷物短缺40万吨左右，牲畜约死亡80%，约有200万马里人处于饥饿和贫困之中。

工业方面，建成了16个新企业，其中较大的企业有：自行车和轻便摩托车装配厂（1970年投产），农具厂（1972年投产），巴马科纺织联合企业（1972年投产），锡卡索茶厂（1972年投产），香料厂（1972年投产）。此外，还完成了巴马科塞努国际机场的建设，扩大了沥青路面公路，开始了铁路运输的现代化，增加了学校及医疗机构的数目。

3. 经济社会发展的第二个五年计划（1974~1978）

1974年，马里开始执行第二个五年计划。“二五”计划确定的目标是，国民生产总值的年平均增长率为7.1%，其中第一产业的年平均增长率为4.5%，第二产业为12.4%，服务行业为7.9%。人均收入到1978年计划达到3.8万马里法郎（1972年为2.95万马里法郎）。“二五”计划的总投资约5000亿马里法郎（见表4-7）。

表4-7 第二个五年计划（1974~1978）的投资分配

单位：亿马里法郎

部门	国内拨款	外援	最初方案	最终方案
农业	251	1079	1330	1330
工业	90	1016	1106	1385
运输及建筑业	218	921	1139	1683
社会及文化需要	35	342	377	470
合计	594	3358	3952	4868
占%	15	85		

资料来源：〔苏〕拉钦科等：《马里共和国》，商务印书馆，1981，第123页。

“二五”计划重视农业，它的主要任务是减少自然灾害——旱灾及水灾对马里的影响，使谷物同其他粮食及经济作物获得可靠的收成，以及稳定牲畜头数。“二五”计划1/3的投资用于发展农业，其中用于提高农业生产措施的达970亿马里法郎，用于发展“尼日尔河开发管理局”为257亿马里法郎。规定到“二五”计划期末，花生的产量要增加1/3，棉花产量增加1倍，甘蔗产量增加3倍。

在能源建设方面，“二五”计划在距巴马科不远的尼日尔河支流上的塞林格建设水坝及水电站，以此作为主要的动力发展计划。

此外，“二五”计划期间，要为1.6万人提供就业岗位。行政机关的工资开支应从1972年的160亿马里法郎增至1978年的270亿马里法郎，同期企业中职工的工资总额应从126亿马里法郎增至170亿马里法郎。

马里的国民生产总值从1972年的1653亿马里法郎（约合3.6亿美元），增长到1978年的2134亿马里法郎（约合4.6亿美元），平均每年增长4.3%。①

（二）20世纪80年代初马里的经济改革

20世纪60~70年代，马里经济发展取得了一定的成就。国家通过行政手段对有限的资源和资金进行有效的配置，创办了50余个国营企业，使得工业产值在国内生产总值中的比例有较大幅度的提高，由独立前夕的2%提高到1978年的16%。国民经济获得一定程度的发展，马里国民生产总值年增长率1959~1968年间为2.35%，1970~1973年间为4.75%，1972~1978年间为4.3%。

但是70年代末至80年代初，马里与多数非洲国家一样发生

① 1981年8月20日《人民日报》。

经济危机，原有的经济体制的弊病逐渐暴露出来。由于国家对经济统得过死，经济缺乏活力，国营企业亏损严重。70 年代末，马里的国营企业亏损占整个国民生产总值的 6%。[①] 片面重视工业，忽视对农业的投入造成粮食严重短缺。20 世纪 70 年代以来，在非洲几次旱灾中，马里是重灾区；再加上人口增长过快，以致粮食严重短缺。1980 年只有 700 万人口的马里粮食亏空高达 26 万吨，为此，马里政府实行经济改革。总统特拉奥雷提出建设“独立的有计划的民族经济”的口号，实行国营、合营和私营三种经济形式并存的混合经济体制。

1981 年 2 月，执政党马里人民民主联盟举行了全国特别代表大会，会议决定在经济领域进行重大改革，调整政策，推行“自由化”。主要内容有：（1）取消国营公司对国内主要产品和对外贸易的垄断，允许私商直接购销农、工业产品，开放粮食自由市场；（2）实行以私营经济为主体的国营、私营、合营三种企业并存的经济体制，把绝大多数亏损严重的国营企业和公司改为私营或公私合营，鼓励和扶植私人兴办中小企业；（3）调整农业政策，号召和动员私人兴建中小农场，提高农产品收购价格；（4）修改投资法，吸引和利用外资；（5）决定重返“西非货币联盟”。1982 年 2 月，马里政府制定了以实现本国粮食自给为目标的农业发展战略，成为撒哈拉以南地区第一个制定粮食战略的非洲国家。1985 年马里宣布私人经济在国家经济发展中将起“决定性”作用，采取了开放粮食市场、逐步实行自由价格等鼓励私人经济发展的措施。

（三）1988 年以来的经济结构调整

由于历史遗留的困难、严峻的外部环境，马里 20 世纪 80 年

① 杨德贞、苏泽玉主编《非洲市场经济体制》，兰州大学出版社，1994，第 124 页。

代初的经济改革收效不大，马里经济仍然处境艰难：财政状况令人担忧，外债负担沉重，自然灾害接连不断，企业亏损严重以及失业队伍日益扩大。特拉奥雷执政后期，加大经济改革的力度。1988 年 5 月，马里人民民主联盟五中全会进一步提出恢复经济是当前的“中心工作”，把实现年平均增长 3.4% 作为经济恢复的目标，并为此采取了以下具体措施：（1）进一步放开农产品价格，促进粮食商品化，以鼓励农民种粮积极性；限制大米进口以保护本国农业生产；继续同沙漠化进行斗争。（2）整顿国营企业，进一步调整经济结构。政府清理了 15 家国营企业，将其中 14 家改为私营，对保留下来的国营企业也给予更大的自主权。为鼓励私人投资，马里颁布了更为优惠的新投资法和贸易法。（3）抓紧同国际货币基金组织和世界银行谈判，以求得符合马里国情的国际援助。1988 年 8 月，马里政府与国际货币基金组织签署了“结构改革”和“备用信贷”协议，并据此制定了“经济结构调整计划”和“国营企业改革计划”，[①] 进一步发展私营企业和对国营企业进行改革。

科纳雷总统执政后继续推行经济改革。1992 年政府同国际货币基金组织和世界银行签订了《1992～1995 年经济财政政策纲领意向书》。该计划有 3 个主要目标：恢复国内外市场的平衡；整顿国家财政；以私有部门为龙头推动经济增长。1994 年 2 月，与国际货币基金组织签订了有关 1994～1996 年结构调整计划强化方案的协议。据此，马里可获得 2070 亿非洲法郎的援助。

1996 年 2 月，马里与国际货币基金组织谈判进一步实施经济结构调整计划，双方签订了有关 1996～1998 年结构调整计划强化方案的意向书，3 年内，该基金组织将向马里提供 9100 万美元的优惠贷款，马里则承诺在此期间年均国内生产总值增长率

① 《世界知识年鉴》（1990/1991），第 342～343 页。

保持在4%～5%。1998年9月，该基金组织和世界银行决定免除马里2.5亿美元的债务，并准予其享受第3期强化结构调整资金。[①] 据国际货币基金组织公布的数字，马里经济增长率1997年为6.7%，1998年为4.6%，达到了其向世界银行和国际货币基金组织允诺的标准。尽管马里的棉花出口受到了亚洲危机的冲击，但该国对外贸易经常项目的赤字率由1997年的9.25%下降到1998年的8.75%，预算赤字在国民生产总值中所占的比重则由1997年的8%下降至1998年的7.5%。

1999年8月6日，马里与国际货币基金组织签订为期3年的贷款协议，国际货币基金组织提供6300万美元以支持马里的经济改革，支持马里政府继续实施财政统一政策，包括建立现代税收制度，深化和加速经济结构改革。自1999年始，由于国际市场棉花、黄金价格下跌以及油价上涨等因素影响，经济增速放慢。

为实施结构调整，马里主要采取了以下几个方面的措施。

第一，重视粮食与出口创汇农作物的生产。

特拉奥雷执政后期，尤其是在科纳雷政府成立后，马里政府重视和优先发展农业，把实现粮食自给、满足人民的基本需求等放在首位，注意利用发展农业的政策和措施调动农民的生产积极性。如调整粮食购销政策，把谷子（粟）、高粱、玉米和稻米的收购价格提高30%～50%，激发了农民的生产热情。同时，政府部分放开粮食市场，让私人参与粮食交易，活跃了粮食市场。建立农业发展银行，减轻农民税务负担。这些政策实施后，马里粮食产量连年增加，谷子、高粱的产量由1996年的127.5万吨，增至2000年的149.9万吨；同期，稻谷的产量由41.6万吨增至

① 葛佶主编《简明非洲百科全书》（撒哈拉以南），中国社会科学出版社，2000，第580页。

72.3 万吨。2000 和 2001 年，马里粮食产量维持在 260 万吨左右。

重视农业的主要成效体现在发展出口创汇农作物的生产方面。棉花是马里最主要的经济作物。独立前夕的 1959 年，马里棉花产量只有 1.04 万吨。[①] 1970～1971 年，棉花年产量为 5.72 万吨。1986 年棉花产量 18.3 万吨。在经济结构调整期间，马里的棉花生产有很大的飞跃。这得益于政府大力推行的支持和鼓励棉花种植的政策，如增加对棉农的援助，提高棉花收购价格，从而调动了农民的积极性，棉花种植面积增长了 15%。马里棉花产量逐年增加。马里棉花产量 1995/1996 年度为 40.6 万吨，1996/1997 年度增加到 45.2 万吨，1997/1998 年度达到 52.3 万吨。2003/2004 年度棉花产量达到创纪录的 60 万吨，赶上埃及一跃成为非洲最大的产棉国。棉花占马里农业收入的 80% 以上，所产棉花 99% 供出口，其创汇占马里出口创汇的 50%～60%。[②] 花生也是马里主要鼓励生产的出口农产品之一，1987 年的产量为 8.15 万吨。进入 90 年代，马里花生产量有较大增加，由 1997/1998 年度的 16.1 万吨，增加到 1999/2000 年度的 21.4 万吨。[③]

第二，实行国营企业改革、推进经济私有化。

结构调整方案的重要内容之一就是实行国营企业的私有化，发展私人经济，以便减轻国家对国营企业的财政补贴。经过调整，马里原有 50 多个国营企业保留了 17 个战略性企业，关闭了 15 个，其余则实行全部和部分私有化。国家对整顿后能恢复生产的企业给予支持；对有潜力的马里纺织工业公司，政府投资

---

① William Irvin Jones, *Planning & Economic Policy in Mali*, Three Continents Press Washington DC , p. 46.

② *Africa South of the Sahara 2002*, London, the Gresham Press, p. 617.

③ *The Economist Intelligence Unit Limited*, 2001, Mali, p. 84.

6000万非洲法郎。

马里对国营企业改革的主要成效体现在矿业方面。马里政府重视矿产资源的勘探和开采，大力吸引外资投资开矿。1991年，修订了《矿产法》，给予外国投资者简化手续、减少税收等优惠。1999年又通过了新的《矿产法》，规定了一系列新举措，以刺激私人资本的投资：如规定国家在矿产开采公司中拥有的股份不得超过20%；矿产开采许可证的有效期从2年延长到3年；其允许开采的最大范围从过去的8平方公里扩大到10平方公里。此外，为增加国家收入，还计划提高矿产开采税，增设矿产转让税等。

在新的政策下，马里黄金生产领域吸收了大量的外资，两个最大的投资者分别是南非的英美公司（2.5亿美元）和兰德公司（1.4亿美元）。马里主要金矿之一的斯马亚金矿，它隶属于斯马亚金矿公司，其资本的75%归南非兰德黄金开发公司所有。萨迪奥拉金矿，它隶属于萨迪奥拉采金公司。资产由英美公司（38%）、加拿大亚姆黄金公司（36%）、马里政府（18%）和国际金融公司（8%）共同分享。外资的大量引进，使得马里黄金生产发展迅速，黄金产量由1990年的4.3吨增加到2002年的66吨，[①] 成为非洲重要的产金国。

第三，金融改革。

马里是非洲法郎区西非货币联盟的成员国（该联盟包括贝宁、布基纳法索、科特迪瓦、马里、尼日尔、塞内加尔和多哥），到了20世纪80年代中后期，马里与法郎区的其他国家一样，经济陷入困境，不仅资本流动被阻塞，而且连国际支付都变得十分困难。

1994年1月，马里同西非货币联盟中其他伙伴一起对非洲

① *The Economist Intelligence Unit Limited*, 2004, Mali, p. 49.

法郎（CFA）实行了贬值，使其同法国法郎的汇率由原来的50比1降到了100比1。1994年由于非洲法郎贬值致使通货膨胀率为40%，此后的年度通货膨胀率约为5%。经济也逐步恢复增长。它的经济增长率1994年为2.5%，1995年约为7.5%，这比国际货币基金组织预设的5.1%高出两个百分点。

第四，对外贸易自由化。

在经济结构调整过程中，贸易政策日趋宽松，国有进出口公司的垄断经营权不断削弱。1988年解散了国有进出口公司。1989年，新的《外汇条例》、《外贸条例》以及《进出口商品检验规定》相继颁布。至此，马里的对外贸易进入了全面的自由化时期。目前马里有进出口商约400多家，其中经营能力较强、资金雄厚的约有20余家。对外贸易的自由化促进马里进出口额的较快增加，进出口总额由1990年的7.10亿美元增加到2003年的20.11亿美元。

但是，结构调整并没有解决马里经济的深层次问题，马里经济发展任重道远。首先，单一产品经济结构没有改变。独立之初，马里农业人口占总人口的90%以上，花生、棉花和牲畜这三种主要出口产品占总出口量的75%。结构调整仍然以发展出口创汇农业和采矿业为重点，注重棉花的生产和黄金的开采，所以结构调整以来，马里基本的经济格局没有根本改变，仍然靠几种经济作物或矿物换取外汇。目前，马里出口商品的三大支柱为棉花、黄金和牲畜，这三大产品几乎每年都占出口总额的90%以上。

其次，外债沉重，财政上对外援依赖程度增加。世界银行和国际货币基金组织将经济结构调整与提供援助直接挂钩，使得接受经济结构调整的非洲国家产生对外援的依赖性，与此同时，外债随之激增。1999年马里外债达32.05亿美元，占GNP的比重达到125.9%。2000年和2001年马里外债分别为29.74亿和

29.11 亿美元，而同期国内生产总值为 27 亿和 28 亿美元。2002 年外债仍有 28.03 亿美元。[①] 自 1988 年马里接受结构调整以来，尤其是 1992 年以来，马里坚持“民主化”改革，得到西方国家的认可，每年从国际金融机构和西方国家得到的外援平均在 4 亿多美元左右，约占其国内生产总值的 17%，与财政收入相当。对马里提供援助的 27 个主要国家和机构在 2001～2005 年期间，总共向马里提供约 14.80 亿美元的援助。其中，2002 年，获官方发展援助共 4.72 亿美元，其中双边援助 2.57 亿美元。外援有助于马里国际收支的平衡和 GDP 的增长，但是，也造成了马里对国际援助的依赖性和外债的激增。

再次，人民生活水平仍然比较低。结构调整以来，马里 GDP 虽然有较快的增长，但是由于它经济基础薄弱，制造业和服务业发展缓慢，所以人民生活水平仍然很低，仍属世界上经济最不发达国家之一。1994 年人均国内生产总值仅 176 美元，1999 年马里人均国民生产总值（GNP）只有 240 美元，在西非位于加纳、几内亚和塞内加尔之后。2002 年，64% 的人口生活在贫困线以下。2004 年 GDP 仅为 49.14 亿美元，人均为 367 美元。[②]

第二节 农牧渔业

一 农业

（一）概况

马里是传统的农牧业国，农业在国民经济中始终占有重要的地位。20 世纪 60 年代中叶，马里农业人口占当

① *The Economist Intelligence Unit Limited*, 2004, Mali, p. 52.

② *The Economist Intelligence Unit Limited*, 2005, Mali, p. 5.

时总人口的90%以上，花生、棉花和牲畜这三种主要出口产品占总出口量的3/4。70年代末，马里83%的人口从事农业，提供国民生产总值的50%以上。根据《1998/1999年世界发展报告》，直到1997年马里农业在国内生产总值中所占的比重仍然高达49%。1999年从事农业生产的劳动力占就业人口的81.5%，农业产值占国内生产总值的46.6%，马里农产品的出口额占全国出口总额的75%。[①]

近年来由于矿业的快速发展，黄金产业在国民生产总值中所占比重的迅速上升，导致农业比重有所下降，2003年马里农业占国内生产总值的比重为36.3%。[②]

马里全国土地总面积1.24亿万公顷，可耕地2400万公顷，仅占国土总面积的18%。20世纪80年代中后期，马里已耕地面积为210万公顷。1996年，全国已耕地面积增加到350万公顷。[③] 耕地主要分布在撒赫勒带以南地区，以尼日尔河沿岸最为集中。锡卡索、巴马科、塞古、莫普提4个区土地面积约占全国的1/4，而耕地面积却占全国的80%以上。按气候和日照条件，马里农作物每年可收一熟至三熟。但由于劳力缺乏、灌溉设施不足等原因，广大地区很少复种，普遍一年一熟。一般6月下旬播种，10~12月收获。雨季耕种，旱季休闲。重要农产品有各种粟、高粱、大米、玉米、棉花、花生以及块根作物（如木薯、甘薯和山药）等。1988年粟、高粱和玉米的总产量为127.6万吨（见表4-8），2002年增加到180.1万吨（见表4-9）。

---

① *Africa South of the Sahara 2002*, London, the Gresham Press, p. 617.

② World Development Indicators Database, August 2004.

③ 《世界知识年鉴》，(2002/2003) 第452页。

表 4-8 1986~1988 年马里主要农作物及其产量

单位：万吨

	1986	1987	1988
粟、高粱、玉米	99.1	95	127.6
稻 谷	18	18	18.9
棉 花	18.3	17.5	19.5
花 生	5.1	8.15	8.25

资料来源：《经济季评》1987/1988 年及 1989/1990 年；
《世界知识年鉴》（1990/1991），第 343 页。

表 4-9 马里主要农产品产量

单位：千吨

	1998/1999	1999/2000	2000/2001	2001/2002	2002/2003
粟	1414	1508	1324	1310	1436
稻 谷	718	727	743	940	693
籽 棉	519	459	250	571	420
玉 米	393	620	215	302	365
花 生	151	158	166	176	185

资料来源：*The Economist Intelligence Unit Limited*, 2004, Mali, p. 49。

（二）农业经营方式

马里农村的土地属国家所有，不存在土地买卖关系。就农业经营来说，有 5 种不同的方式：

1. 国家经营

由国家兴办农场，如“尼办”（即尼日尔办公室，又译为尼日尔河开发管理局）直接经营的水稻农场、甘蔗农场，巴马科的巴金达农场等。这些单位都有较好的水利条件，拥有一定数量的农业机械，招收工人，定级发薪，产品由国家收购。

2. 租赁经营

由国家兴修水利，整好土地，租赁给农民耕种。如在“尼办”实行租赁经营的水稻生产区，由“尼办”向雇佣农民提供住房和土地，贷给耕牛、犁、耙等生产资料，借给第一年的口粮和种子。雇用农民个体生产，自负盈亏，服从统一计划，接受监督指导，向“尼办”交售余粮。类似“尼办”水稻租赁生产经营的，还有在巴马科、塞古等地的棉花和花生租赁生产经营。

3. 个体经营

广大农民在大家族制度下，利用村庄附近的土地自行耕种，主要种植粟类、高粱、玉米和棉花、花生等。由于技术力量薄弱，无力经营水利设施，大多使用简单的生产工具，采用传统的生产方式。各地农民使用的生产工具普遍是短柄锄和砍刀，耕作方法一般是浅耕撒播，不施肥不除草，不进行田间管理。全国90%左右的农户为个体农民。

4. 雇工经营

在巴金达农场，有部分土地雇用当地农民耕种，产品归雇主支配。

5. 外资经营

法国纺织发展公司在马里投资，大面积种植棉花，并在每个棉区派有专人监督指导棉农生产。

（三）马里最大农场——“尼办”

尼日尔办公室位于尼日尔河内河三角洲的冲积平原，总面积达245万公顷，可耕面积为96万公顷，总部设在塞古市，是马里最大的农工商企业。“尼办”使用现代化的农业机械和运输工具，采取比较科学的耕作方法，水利设施比较齐全，生产条件与个体农民截然不同。原是法国于1919年开办的农业企业，主要生产粮食和棉花。1922～1931年先后易名为“殖民总局”、“纺织水利总局”、“临时灌溉局”。1932年定名为“尼日尔河规划和开发办公室”，直属法国海外殖民部领导。殖民当局为了扩大棉花和水稻的种植，以满足法国纺织业对棉花的需求和解决法属非洲的粮食供应问题，计划兴建尼日尔河灌溉工程。在此之前，一位名叫伯利姆的法国工程师发现，在很久以前尼日尔河曾经改道，留下一大片冲积平原，只要修建一座水坝和开挖一些灌渠，就可以进行开发。整治工作开始于 1934 年，先在马尔卡拉修建了一座大坝，将尼日尔河拦腰截断，蓄住上游河水，又在下游挖凿了各种渠道。到 1947 年包括约 200 公里长的各种渠道和几百道水闸构成的灌溉工程才竣工，灌溉面积达 15 万公顷。[①] 到 1960 年种植面积达 3.5 万公顷，其中水稻近 3 万公顷，棉花 5000 公顷。仅 1950 ~ 1960 年 10 年间，法国就掠夺了水稻 24 万多吨，棉花 3.4 万多吨。马里独立后，将“尼办”收归国有，使“尼办”成为马里最大的农业企业。1965 年它有 6000 名工人，其中 3000 人是固定工，其余都是季节工。1965 年在中国的帮助下，发展了甘蔗生产。1971/1972 年度“尼办”的种植面积达到 38534 公顷，比独立前最高的 1958/1959 年度增加 20%。1971/1972 年度“尼办”水稻产量为 52915 吨，占全国总产量的 30%，向国家交售大米 24000 吨，占全国大米商品量的 60%。目前，这个机构已经整治了 5.5 万公顷水浇地，其中 4.5 万公顷专门种植水稻，以解决国家的大米供应不足问题。“尼办”的任务是向稻田供水、维修灌溉渠道并对农民进行技术培训和其他服务等。“尼办”还设有农产品加工企业，如碾米厂、糖厂、轧花厂和榨油厂。此外，还有制砖、制管和木材加工厂等。

在农业生产方面，“尼办”的经营方式主要有租赁经营和直接经营两种形式。租赁经营就是农民通过与“尼办”签订租佃

① 〔德〕恩诺·博伊歇尔特：《马里》，上海人民出版社，1976，第 172 页。

合同，规定相应的权利和义务，取得土地的经营权。如“尼办”提供住房和土地、贷给生产资料、借给口粮和种子等，农民则服从“尼办”的统一安排和监督指导，并向“尼办”交售粮食等农作物。直接经营是指“尼办”直接组织农业生产，有甘蔗农场、水稻农场等。

“尼办”有比较严密的管理体制。总部是“尼办”的总领导机关，设有总经理和副总经理，下设四室（秘书室、行政办公室、经济办公室、总研究室）、四处（生产处、工程处、供应处、会计处）共32个科组。生产区是总部的派出机构，每个生产区设有区长、收购和商业3个办公室，负责领导管理本区的工农业生产、收购粮食等。生产队、农牧场、工厂均由生产区直接领导。生产队负责管理租佃经营，一般只设队长一人，起上传下达的作用。村庄是“尼办”租佃经营的基层生产单位。生产上归生产队、生产区的领导，每个村庄由“尼办”长期派驻一名辅导员，监督指导农民生产。行政上归县领导，每个村庄由群众推选一名年高有望或富裕户主为村长，任期5年，负责收税和调解民事。

“尼办”在扩大灌溉面积、整修灌溉渠网、推广优良品种种植等方面做了大量工作。1987年“尼办”与政府签订为期3年的承包合同，次年3月“尼办”制定了提高尼日尔三角洲生产能力的计划，包括维修水坝和部分灌渠，恢复3100公顷水浇地，增添新的农用设备，并与国际金融机构合作，实施新的整治土地计划等。在“尼办”开发的土地上，农民自己重新组织起来，买了打谷机，开了碾米厂，农业生产已从刀耕火种发展到使用小型农具。由于推广新的耕作技术和良种，每公顷稻谷的产量已从2.3吨增加到4.5吨，有的农民每公顷产量高达7吨。[①]

---

① 1990年2月24日《人民日报》。

“尼办”在马里农业发展中有着举足轻重的作用。总长 2300 多公里的各类灌渠和总长 2800 多公里的各类排水渠，使这一工程区内的 5 万公顷稻田和 5000 公顷甘蔗田受益。这个拥有 150 个村庄、1.4 万个农户、18 万人口的辖区，生产的粮食占马里全国稻谷总产量的一半以上。2002 年“尼办”生产稻米 71 万吨，2003 年增加到 96 万吨。①

（四）农产品

1. 粮食

马里发展农业潜力很大，尼日尔河纵贯马里全境，加上塞内加尔河及其大小支流，为农业灌溉提供了丰富的水利资源。主要粮食作物有粟类、高粱、稻米、玉米、薯类等，粟类和高粱占粮食作物播种面积的 80% 左右，产量的 3/4 以上，普遍分布于尼日尔河河套以西、以南广大地区。

稻谷是马里人民的主要细粮，以水稻为主。主要产于塞古区（萨恩、尼奥诺等省）和莫普提区（莫普提、杰内、尼亚奋凯等省），二区约占全国水稻种植面积的 2/3。马里人民具有悠久的种植水稻的历史，在莫普提上千年前已开始种稻。20 世纪 50 ~ 60 年代，马里的稻谷生产发展非常迅速，一度成为西非各国稻米的供应地。为了进一步增加粮食产量，马里除在旱地扩种旱稻外，还在沿河地区兴修水利，开辟水田，兴办国营农场，设立研究试验站，重点推广水稻种植。在马里的主要河流的河谷及洪泛平原还生长有一种奇特的浮稻。这种稻植株可高达 3 米，顶部一般浮于水面，可以抵御洪水的冲击。在尼日尔河中游沿河地区种植浮稻 15 万公顷，占非洲浮稻面积的 70%。1964 年马里水稻种植面积为 20 万公顷，产量 16.5 万吨。至 1999 年，马里稻米产量提高到 63 万吨。

① *The Economist Intelligence Unit Limited*, 2004, Mali, p. 25.

玉米在粮食作物中所占比重较小，主要分布于西部和南部地区。锡卡索、卡伊和巴马科三区占全国种植面积的90%以上。马里生产的粗粮基本可以自给，需要进口的粮食主要是面粉等细粮。1999年，玉米产量达35万吨。

马里是一个缺粮的国家。自20世纪70年代以来，在非洲几次旱灾中，马里是重灾区；再加上人口增长过快，以致粮食严重短缺。据1980年的统计资料，当年只有700万人口的马里粮食亏空高达26万吨，进口粮食远不能满足需要，还要年年请求国际援助。在这个农村人口占85%的国家里，农业不景气严重阻碍着经济和社会发展，直接危及人民生活。从80年代起，农业问题引起了马里政府的重视。在1981～1985年的五年计划中，农业被列为国家经济建设中“优先中的优先”，全国上下努力重建“西非粮仓”。在这5年中，马里政府对农业的投资占5年总投资的30%以上，主要用于兴修水利，改善农业生产条件。到1986年底，马里建成灌溉能力达1100万公顷的塞林格大坝和可以灌溉9万公顷粮田的马南塔利大坝。此外，还兴建了38个中小型水利项目。

与此同时，马里政府稳步建立和推广农业合作性质的“村屯”组织，并通过提供信贷、培训人员、引进良种、供应先进农机具和指导改进耕作方式等，扶持和巩固这些“村屯”组织。采取了这些措施以后，马里粮食生产增产15%～25%。此外，马里政府调整粮食购销政策，把粟类、高粱、玉米和大米的收购价格提高30%～50%，激发了农民的生产热情。同时，政府部分放开粮食市场，让私人参与粮食交易，活跃了粮食市场。

科纳雷政府成立后，马里政府继续重视和优先发展农业，把实现粮食自给、满足人民的基本需求等放在首位，注意利用发展农业的政策和措施调动农民的生产积极性。90年代初以来，建立农业发展银行，减轻农民税务负担，允许粮食自由买卖，粮食产量连年增加，成为撒哈拉以南非洲第一个实现粮食自给的国家。粟类、高粱的产量由1996年的127.5万吨，增至2000年的149.9万吨；同期，稻谷的产量由41.6万吨增至72.3万吨。[①] 1992年产粮213.0万吨，1999年增加到226.0万吨（见表4-10）。2000和2001年，马里粮食产量维持在260万吨左右。

表4-10 1992~1999年马里粮食产量

单位：吨

年 份	粟类、高粱	玉 米	稻 谷	合 计
1992	1493945	236234	408914	2130093
1993	1066095	177127	369016	1612238
1994	1336447	260703	384848	1981998
1995	1479429	296693	422214	2198336
1996	1275247	243300	416432	1934979
1997	1151216	266580	552569	1970365
1998	1079902	310696	511538	1902136
1999	1271331	354247	634086	2259664

资料来源：中华人民共和国商务部网站。

2002年由于降水量减少及鸟类对农作物的侵害，使得马里粮食减产。西部的卡伊和东部的库利科罗是粮食危机最严重的地带。马里负责粮食安全的部长级代表伊卜拉希马·乌马尔·杜尔2002年12月26日宣布，2002/2003年度马里缺粮44.2万吨，是10年来粮食短缺最严重的一年。联合国粮农组织评估2002/2003年度马里谷物产量为228万吨，比上年报告的258.3万吨减少11.4%。

① *The Economist Intelligence Unit Limited*, 2001, Mali, p. 84.

2. 棉花

长期以来，法国殖民主义者在马里片面发展经济作物，使马里仅仅依靠少数几种农产品作为出口的主要商品和本国国民收入的重要来源。马里独立后，这种单一产品经济并没有得到根本改变。棉花仍然是马里最重要的经济作物，它是马里主要收入来源，全国有1/4的劳动人口从事棉花生产，直接或间接地养活了100多万人口。

马里种植棉花的历史比较早，但主要供当地消费。20世纪30年代开始，法国在马里的尼日尔河内陆三角洲扩大棉花的种植面积，至1959年，马里棉花产量达10400吨，产值125万美元。[①] 但是，棉花的大力发展是在马里独立之后。棉花主要产于塞古、锡卡索和巴马科三区，尤以塞古、尼奥诺、萨恩、库蒂亚拉等省分布比较集中。一般于5月下旬开始播种棉花，10月至翌年3月陆续收摘。马里棉花产区苗期雨水较少，花蕾期雨量集中，且多阵雨；棉花絮期日照充足，相对湿度低，气候条件对于棉花生长、结铃、开絮非常有利。

马里独立后，采取扶持棉农、改良栽培技术、推广优良品种等措施，使得棉花种植面积和产量逐年扩大提高。1960/1961年度，棉花种植面积3.15万公顷，籽棉总产量0.89万吨。1970/1971年度，棉花种植面积扩大到7.23万公顷，籽棉产量达到5.72万吨。1986年马里棉花产量18.3万吨。90年代中后期，马里有棉田32万公顷，占可耕地面积的24%，棉花产量超过40万吨，在西非地区居第一位，在整个非洲仅次于埃及。

近几年，政府大力推行支持和鼓励棉花种植的政策。总统亲自下令，在全国范围内大力发展棉花种植和加工业，增加对棉农

① William Irvin Jones, *Planning & Economic Policy in Mali*, Three Continents Press Washington DC, p. 46.

的援助，提高棉花收购价格，从而调动了农民的积极性，棉花种植面积增长了15%。马里棉花产量逐年增加。籽棉产量1995/1996年度为40.6万吨，1996/1997年度增加到45.2万吨，1997/1998年度达到52.3万吨。[①] 2003～2004年度棉花产量达到创纪录的60万吨（见表4－11）。马里赶上埃及，一跃成为非洲最大的产棉国。棉花产值占马里农业收入的80%以上，它99%供出口，棉花出口创汇占马里出口的50%～60%。[②] 1997年上半年出口额927亿非洲法郎，比1996年同期增长5.5%，占出口总额的59.5%。主要销往东南亚国家和地区，部分销往西欧和南美国家。近年来，由于马里黄金产量的增加，棉花在马里出口总额中所占的比重有所下降。如2003和2004年马里棉花出口额分别为1513亿非洲法郎和2034亿非洲法郎，而黄金的出口额分别为3137亿非洲法郎和2796亿非洲法郎。[③]

表4－11　西非产棉国棉花产量比较

单位：千吨

年　度	1999/2000	2002/2003	2003/2004
马　里	486	430	600
布基纳法索	274	400	500
喀麦隆	n/a	225	245
塞内加尔	n/a	38	45
多　哥	195	180	—
贝　宁	360	—	—
科特迪瓦	393	—	—
乍　得	180	180	—

资料来源：*The Economist Intelligence Unit Limited*, 2001, Mali, p. 66.
The Economist Intelligence Unit Limited, 2004, Mali, p. 24.

① *The Economist Intelligence Unit Limited*, 2001, Mali, p. 84.

② *Africa South of the Sahara 2002*, London, the Gresham Press, p. 617.

③ *The Economist Intelligence Unit Limited*, 2005, Mali, p. 21.

3. 花生

花生是马里主要的出口农产品，1964年产量为13万吨。巴马科、卡伊和塞古三区种植面积和产量占全国近90%。花生品种大部分是小粒种，果实含仁率达73.7%，含油率达48.69%。受国际市场价格波动和国内收购政策的影响，花生生产和出口量不够稳定。如1962～1967年间出口量由4.2万吨减至2.4万吨，减少了42%。花生产量1986年为5.1万吨，1987年为8.15万吨。进入90年代，花生产量有较大增加。1997/1998年度为16.1万吨，1998/1999年度为19.2万吨，1999/2000年度达到21.4万吨。①

4. 甘蔗

甘蔗是马里独立以后新发展起来的经济作物，自1963年开始在尼奥诺地区试种，经过对当地气候和土壤特点进行调查研究，引进适应当地条件的甘蔗品种（中粤糖和华南56/268、57/423、56/21等），于1963年试种成功。在此基础上，又于1965年在尼奥诺县杜加布古建立第一甘蔗农场和糖厂，于1973年在该县锡里巴拉筹建第二甘蔗农场和糖厂。1999年，马里生产蔗糖30万吨。

除了上述经济作物外，马里还有烟草、茶叶、卡利特油果、阿拉伯树胶、剑麻和各种热带水果等。其中，卡利特油果是马里一种很重要的油料作物，它的油可用于食用、点灯，果核还用来加工蜡烛、肥皂和化妆品。年收获量约20万吨，其果仁是马里传统的出口物资。1999年，马里产山药1.4万吨、芒果4万吨、豆类9.8万吨。②

---

① *The Economist Intelligence Unit Limited*, 2001, Mali, p. 84.

② *Africa South of the Sahara 2002*, London, the Gresham Press, p. 621.

二　畜牧业、渔业、林业

（一）畜牧业

马里具有辽阔的草原牧场，牧草地占国土总面积的60%以上，全国牧场面积约3000万公顷，具有发展畜牧业的优越的自然条件，是西非拥有牲畜头数最多的国家。主要的畜牧区在撒赫勒带和马西纳周围地区。1972年约有牛545万只、羊1120万只、驴47万头、骆驼22万头、马14万匹、猪3万头。全国约有50万人经营畜牧业。牲畜和畜产品不仅是北部和东北部牧民的重要生活来源，而且是国家的主要出口商品之一。20世纪70年代初，畜产品出口额占马里出口总额的一半左右。1984年马里畜产品出口占出口总额的28%。[①] 到90年代中期，畜牧业仍为马里第二大出口产业，产值占国内生产总值的20%。由于棉花产量和黄金产量的快速增加，畜牧业在马里经济中的地位有所下降。90年代末，畜牧业生产总值占全国国内生产总值的10%左右，牲畜存栏数仍居西非各国之首。马里牲畜出口几乎涵盖西非地区所有国家，同时也向欧洲出口。近年来，马里的畜牧业稳步增长，牛的存栏数由1999年的683.3万头增加到2002年的845.1万头，同期，羊的数量由1856万只发展到2673万只（见表4－12）。

马里的牧民既有定居的，又有游牧的。在北部地区，几乎所有的畜群都掌握在摩尔人、图阿雷格人和颇耳人手中。畜群随着季节从北到南往返移动。在马里中部地区，这里的牧主是定居的颇耳人，他们饲养牲畜只不过是作为他们农业劳动之外的一种副业。主要牲畜品种有牛、羊、驴、马等。此外，北部还有骆驼，定居的地区还有家禽和猪。马里的牲畜主要分布于加奥和莫普提

① 《世界知识年鉴》（1990/1991），第343页。

两区。这两个地区拥有全国牲畜数量的75%左右。牛主要分布于北纬15°~16°以北草原地区。尼日尔河沿岸低洼积水地区，是萃萃蝇滋生之地，不宜养牛。绵羊和山羊多牧养于北部干燥地区，在塞古至通布图之间地带培育有马西纳细毛绵羊。

表4-12 1991~2002年马里牲畜产量

年份	牛(万头)	羊(万只)	猪(吨)	家禽(吨)
1991	515	1130	242	5482
1992	520	1180	242	5598
1993	524.5	1255.2	276	5720
1994	554.2	1318	274	5841
1995	570.8	1317.9	271	5961
1996	588.2	1380.9	265	6078
1997	605.8	1450	270	6193
1998	624	1582.4	268	6336
1999	683.3	1856	—	—
2000	743.4	2196.2	—	—
2001	782.7	2314.7	—	—
2002	845.1	2673	—	—

资料来源：中华人民共和国商务部网站。
The Economist Intelligence Unit Limited, 2004, Mali, p.49.

（二）渔业

马里虽是个内陆国家，但渔业在国民经济中也占有重要地位，是西非第三产鱼大国。鱼是马里居民的主要食品之一，也是主要出口商品之一。渔业主要在尼日尔河、塞内加尔河及其支流和湖泊等地。莫普提、塞古和加奥是马里的渔业中心。其中，莫普提号称马里“渔都”。渔民们主要利用木船、网、笼、钩和叉等进行手工捕鱼，近年来已开始使用机动渔船。1963年捕鱼量为4.97万吨，1972年增加到15万吨。所产上尉鱼、马里鲑鱼，肉味鲜美，驰名国内外。鱼产品除供应当地需要外，约有60%加工为熏鱼、干鱼和咸鱼销往全国各地并出口国外。马里渔民约有26万人，占农村人口的3.6%，尼日尔河三角洲地区，1/3以上居民从事捕捞业。渔业产值约占国内生产总值的4.2%。20世纪90年代，马里每年捕鱼量稳定在15万吨左右（见表4-13）。近年来马里的渔业产量有所下降，平均产量10万吨左右。[①]

表4-13 1992~1999年马里鱼产量

单位：吨

年 份	1992	1993	1994	1995	1996	1997	1998	1999
鲜 鱼	28887	27123	31197	27425	31644	31736	32237	32745
熏鱼和干鱼	11178	10498	12072	10612	12245	12281	12474	12671

资料来源：中华人民共和国商务部网站。

（三）林业

马里是一个经常受干旱影响的国家，森林覆盖率一直很低。尽管国家采取措施保护森林，但是由于生活水平较低，农民依靠砍伐森林获得能源，直到20世纪80年代，马里每年砍伐60万公顷的森林用以满足家庭能源的需求。这样使得有限的森林资源遭到破坏，那里的森林砍伐已达到警戒线，森林覆盖率进一步下降。1963年年底，马里拥有440万公顷国有林区，其中330万公顷是禁猎区。到20世纪90年代末，全国森林面积仅110万公顷，覆盖率不到1%。森林多集中于南部、西部和尼日尔河上河谷地区。马里是世界上森林最少的国家之一。1996年3月11日，马里在巴马科召开关于农村发展和环境问题的全国会议，会

① *The Economist Intelligence Unit Limited*, 2004, Mali, p. 26.

议通过新的政策，采取措施保护马里有限的森林，防止环境的进一步恶化。会议建议加强对农村的管理，让农民负起责任，大会通过新的法律来保护森林和野生动物。

表 4-14　马里木材产量

单位：千立方米

年　份	烧炭用材	建筑、家具用材	年　份	烧炭用材	建筑、家具用材
1992	11550	332.289	1996	13278	396.709
1993	11798	336.824	1997	13435	401.425
1994	12673	341.121	1998	13647	407.755
1995	13108	391.648	1999	13862	414.182

资料来源：中华人民共和国商务部网站。

第三节　工矿业

一　概况

独立以前，马里仅在巴马科、塞古、锡卡索、莫普提等主要城市分布有少量的碾米、轧花、榨油等农产品加工企业及一些机械修理厂，工业产值在国民生产总值中所占的比重不到 2%。工业制成品大部分不能生产，主要依靠进口。

独立之初的马里选择了走“社会主义”计划经济的道路，先后制定了经济与社会发展的第一个五年计划（1961～1965）、财经复兴三年计划（1971～1973）和第二个五年计划（1974～1978），新建马里工业企业 50 余个。

20 世纪 80 年代以来，马里实行了经济改革。1981 年执政的马里人民民主联盟举行了全国特别代表大会，决定在经济领域进行重大改革，实行以私营经济为主体的国营、私营、合营3种企业并存的经济体制，把绝大多数亏损严重的国有企业和公司改为私营或公私合营，鼓励和扶植私人兴办中小企业。取消国有公司对国内主要产品和对外贸易的垄断，允许私商直接购销工农业产品。80年代中期，马里政府面临外债负担加重，自然灾害接连不断，企业亏损严重的经济困难，加快了对国营企业的改革，进一步调整了经济结构。1987年，政府清理了15家国有企业，将其中14家改为私营。为鼓励私人投资，马里颁布了更为优惠的新投资法和贸易法。1988年开始，马里接受世界银行和国际货币基金组织提出的结构调整方案，加大对国有企业改革的力度。经过调整，50多个国有企业保留了17个战略性企业，关闭了15个，其余则实行全部和部分私有化。国家对整顿后能恢复生产的企业给予支持。对有潜力的马里纺织业，政府投资6000万非洲法郎。首都巴马科工业区内的马里纺织工业公司曾于1992年6月关闭，1994年8月恢复生产，1994～1995年营业额高达70亿非洲法郎，获取了可观的经济效益。在此基础上马里又新建了一个拥有现代化设备的毛纺织厂。

经过改革，马里的矿业获得了较快的发展，成为拉动马里工业企业发展的新的增长点。自1995年以来，马里的黄金出口已继棉花之后占出口产品的第二位。2002年黄金成为马里最重要的出口产品，居于棉花和牲畜之前。在矿业的拉动下，90年代以来，工业在马里国内生产总值中的比重又有新的提高，1995～1999年，马里工矿业的产值（按1997年的价格）分别为1160亿非洲法郎、1240亿非洲法郎、1520亿非洲法郎、1620亿非洲法郎和1650亿非洲法郎，占马里GDP的比重分别为16.4%、17.0%、19.6%、20.2%和19.5%。[①] 2002年马里

① *The Economist Intelligence Unit Limited*, 2001, Mali, p. 84.

工矿业占 GDP 的比重更是达到创纪录的 29.7%，2003 年仍占 27%。[①]

二 制造业

马里的工业发展缓慢。独立前仅有少数几个农牧产品加工企业及一些机械修理厂，工业产值在国民生产总值中所占的比重不到 2%。独立后建立了纺织厂、糖厂、卷烟厂、火柴厂、皮革厂、碾米厂、茶厂、水泥厂、榨油厂等。此外，还有法国和马里合营的半导体收音机装配厂等。马里工业以轻工业为主，主要工业部门有纺织、食品、卷烟、建筑材料、机修和制药等。机械、建筑材料、化学制品、燃料和食品等都是马里主要的进口商品。马里工业发展中存在的主要问题是资金和技术短缺、对外依赖性大，交通不便、基础设施薄弱等也影响了工业发展。

马里政府利用盛产棉花的优势努力发展纺织工业。马里纺织工业有两家重要的企业：中马合资的马里纺织股份有限公司（COMATEXSA 简称塞纺）和以马里私营资本为主的马里纺织工业公司（ITEMA）。两家企业生产能力：纱 3600 吨，线 500 吨，坯布 1100 万米，印花布 2900 万米。产品除 25% 左右销往周边国家外，75% 左右在马里国内销售。两家企业产品在马里市场占有率为 40% 左右。

2004 年 2 月马里第一家棉纱厂——非洲棉纺织品股份公司建成投产。该棉纱厂占地 1 万平方米，由法国、马里和毛里求斯三国的股份组成，注册资本 17 亿非洲法郎。第一阶段年产 5040 吨棉纱，5 年后达到 1.5 万吨。产品 80% 出口欧洲及毛里求斯，20% 当地销售。[②]

---

① World Development Indicators Database, August 2004.

② http://ml.mofcom.gov.cn/aarticle/ztdy/200403/20040300188367.html.

表 4－15 马里 1993～1999 年主要工业品产量

产 品	1993	1994	1995	1996	1997	1998	1999
食糖(吨)	24434	26673	24768	27053	27042	29673	27923
饲料(吨)	64188	62941	65312	77146	76414	63231	27648
啤酒(百升)	39767	42882	52216	59896	64673	66665	65088
不含酒精饮料(百升)	66165	66417	79183	98963	119529	140735	193600
香烟(箱)	113632	102473	147203	788510	81898	50861	61768
面粉(吨)	23379	19441	23599	22947	24345	18029	15364
茶叶(公斤)	277467	277112	92799	80627	104233	92553	92471
水泥(吨)	13669	13898	13340	208620	24570	15831	16661
生石灰(吨)	1720	1361	1392	922	1086	1360	1439
方砖(平方米)	7411	14879	12743	12270	14451	11800	11486
氧气(立方米)	75986	85998	92701	100820	98394	87085	95622
乙炔(立方米)	8169	9220	88175	9782	12382	9946	10621
酒精(百升)	83	195	217	184	167	173	175
塑料制品(吨)	397	333	328	211	157	190	182
鞋(千双)	86	106	99	97	100	99	99
火柴(箱)	20611	20603	21583	14427	15347	15024	11438
油漆(吨)	577	457	331	783	1002	800	861
肥皂(吨)	8590	10968	13187	14684	11708	13472	12061
电池(箱)	33663	29468	38177	43203	47262	49437	49271
纸箱(吨)	2958	2352	1713	1740	1700	1689	1332
钉子(吨)	268	309	373	306	320	311	293
铁皮(吨)	14016	14800	16052	20131	18236	13878	15441
金属建材(吨)	165	187	353	112	150	1238	826
犁(张)	410	143	232	313	273	144	209
播种机(架)	169	17	377	377	117	221	279
手扶拖拉机(台)	121	64	198	198	101	220	95
手推车(辆)	1804	1075	4719	6377	2085	1277	2046
自行车(辆)	0	0	0	0	1725	1242	1040
搪瓷制品(千打)	79	79	79	79	79	79	79
印花布(千米)	2191	573	4016	5233	16981	11616	13024
电(千度)	270395	266029	310402	334442	384584	422965	359867
水(立方米)	24965	27112	29607	33520	37001	40351	39861

资料来源：中华人民共和国商务部网站。

表 4-16 制造业产值（以 1983 年的产值为 100）

	1997	1998	1999	2000	20001
比 值	199.8	201.5	182.6	192.9	193.9
年增长率(%)	19.4	0.9	-9.4	5.6	0.5

资料来源：*The Economist Intelligence Unit Limited*，2004，Mali，p. 50。

三 手工业

马里的手工业比较发达，全国各地都有织匠、鞋匠、铁匠、陶器工、裁缝、花边工、雕刻匠、手工编织工、金银细作匠等，他们制作衣服、花边、毯子、席子、陶器、家具、皮鞋、金银器皿等，深受本国人民和外国游客欢迎，特别是金银细作，曾在法国组织的国际博览会上获得很高的评价。

手工纺织在马里已有悠久的历史，这种纺织方式在农村、集镇甚至城市的街巷随处可见。一般由妇女将棉花搓捻成纺线，男子用木架织布机织布。这种布结实耐用，马里妇女喜欢穿用手工织成的布做的传统女裙。全国手工业每年需用原料棉花 830 吨和羊毛 150 吨。目前，马里手工织布占有 10% 左右的国内市场。

四 矿业

马里政府重视矿产资源的勘探和开采，大力吸引外资来马里投资开矿。1991 年，修订了《矿产法》，实行了给予外国投资者简化手续、减少税收等优惠政策。1999 年又通过了新的矿产法，规定了一系列新举措，以刺激私人资本的投资：如规定国家在矿产开采公司中拥有的股份不得超过 20%；矿产开采许可证的有效期从 2 年延长到 3 年；允许开采的最大范围从过去的 8 平方公里扩大到 10 平方公里。此外，为增加国家收入，新矿产法还计划提高矿产开采税，增设矿产转让税等，新矿产法还在环境保护、人员安全以及矿工培训等方面提出了一些严格的要求。

马里矿业的支柱是采金业。马里黄金总储量达600多吨，它的黄金矿藏分布及主要采金企业有：

卡伊地区　萨迪奥拉地区储量为120吨。萨迪奥拉金矿开采公司（属SEMOS公司）已于2001年开始工业化开采。该公司为股份有限公司，股份结构如下：加拿大兰戈德（Langold）公司占38%，南非英实公司占38%，马里占18%，世界银行占6%。

卡拉那地区　储量约60吨。1984～1991年由前苏联援建的国营卡拉那黄金开采公司进行开发，由于困难重重，公司于1992年解散。目前正对该矿进行技术、经济方面的研究，准备通过国际招标重新开采。加纳阿散蒂金矿集团公司（Groupement Ashanti Goldfields）和南非约翰内斯堡英奈斯菲奈奈特联合公司（Johannesburg Consolidated Innesfinenet）已被确定为中标单位，估价工作已开始，有望恢复生产。

西亚玛地区　这一地区金矿和分散在断裂火山岩中的硫化物混合在一起，根据BHP（西亚玛黄金公司）的测定，储量约100吨。西亚玛黄金公司准备在这一地区开采，其股份如下：BHP占65%，马里占20%，世界银行占15%。

科涅巴地区　根据马里矿业研究和开发公司20世纪60年代的勘测，梅蒂南迪地区的储量约4吨，品位为11.14克/吨；鲁罗地区储量约44吨，品位为5克/吨。目前，BHP公司正在准备进行开采。

基达尔地区　储量约3吨。

马里黄金生产发展迅速，黄金产量由1990年的4.3吨增加到2002年的66吨（见表4－17），正在成为非洲重要的产金国。

自1995年以来，马里的黄金出口已继棉花之后占出口产品的第二位。1997年，马里黄金产量约达16吨，出口额高达1274亿非洲法郎，约占马里出口总额的40%。当年，马里在非洲黄金生产国中排在南非、津巴布韦、加纳之后居第四位。

2000年马里的黄金产量接近30吨，成为继南非、加纳之后非洲第三大产金国。2001～2003年，马里黄金产量连续3年超过50吨，稳居非洲第三产金国的地位。随着该国西部、南部以及东南部5个金矿的启动，马里在未来的几年内将成为非洲第二大产金国。2002年黄金成为马里最重要的出口产品，位于棉花和牲畜之前。近年来，马里金矿业的快速发展得益于外资的大量引进。在马里的金矿业，两个最大的投资者分别是英美公司（2.5亿美元）和兰德公司（1.4亿美元）。

矿业的发展为马里带来巨大的经济、社会效益。2001～2004年因矿业发展带来的税收和相关收入分别为331亿非洲法郎、554亿非洲法郎、469亿非洲法郎和424亿非洲法郎。但是，马里矿业的发展也面临着许多问题，如勘探计划的停滞不前；在矿业、税收和海关等方面行政管理薄弱；当地政府的要求不断提高；当地基础设施不完善，使得投资成本增加；黄金出路单一，其收入的高低完全取决于世界市场行情，等等。为了克服这些不利因素，进一步挖掘矿业的发展潜力，并保证可持续发展，马里政府制定了国家矿业发展的十年计划。该计划于2005年11月由马里部长会议审议并通过。马里矿业发展十年计划的主要内容有：进一步改善有关司法规定和组织机构；进一步探明和完善矿区地质基础情况；加强矿产开发的环保管理，减少负面影响；推进黄金产品开发的多样化；促进小矿业及手工业的发展，等等。①

---

① http：//ml. mofcom. gov. cn/aarticle/jmxw/200511/20051100750086. html

表 4-17 马里黄金产量

单位：公斤

年 份	1998	1999	2000	2001	2002
黄金产量	22746	23689	28278	53658	66058

资料来源：*The Economist Intelligence Unit Limited*，2004，Mali，p. 49。

五 能源

马里不产石油和煤，能源绝大部分依靠进口，本国的资源是水力和木材。独立之后，在巴马科、凯斯、塞古、加奥、莫普提、布古尼和锡卡索等城市建有火电厂。1964年，这7家发电厂的总发电量为2500万千瓦时，其中仅巴马科一家发电厂就提供83%。生产电力所需的能源，96%是进口柴油。只能为约1万家住户和1000家企业提供电力。为了缓解首都电力供应紧张状况，1963年开始在索图巴建造一座水力发电厂。

近年来，马里为解决能源问题，积极吸引外资，勘探石油，同时大力发展电力和其他能源，如太阳能。目前，全国有15个电站，其中火力发电站12个、太阳能电站1个、水电站2个。12个火力发电站分布在布古尼、加奥、莫普提、锡卡索、马尔格拉、通布图、法纳、库加拉、库利科罗、塞古和巴马科。太阳能电站设在迪雷。2个水电站是：巴马科索图巴水电站和塞林格水电站。1991年马里发电量为2.44亿千瓦时，1997年增加到3.20亿千瓦时，2001年发展到4.80亿千瓦时（见表4-18）。虽然电力发展速度不算慢，但电力生产仍不能满足日益增加的电力需求，因此拉闸限电时有发生。为了发展电力生产，马里计划在国际社会的帮助下，投资1400亿非洲法郎（约合1.85亿美元）。[1]

① *The Economist Intelligence Unit Limited*，2004，Mali，p. 17.

表 4-18 马里发电量

单位：百万千瓦时

年份	1997	1998	1999	2000	2001
发电量	320.0	422.8	400.7	469.1	480.2

资料来源：*The Economist Intelligence Unit Limited*，2004，Mali，p.47。

第四节 交通运输业

政府在各个时期都把交通运输等基础设施的建设放在重要的位置。“一五”计划（1961～1965）期间，马里在交通运输业方面投资12440万美元，占总投资的48.6%。[①]“三年计划”（1971～1973）交通基础设施实际投资157亿马里法郎，居各行业的第二位，占总投资的26.7%。1997～1999年，交通、电信的产值分别为643亿西非法郎、707亿西非法郎、853亿西非法郎，占GDP的比重分别为4.5%、4.6%、5.2%。[②]

马里的交通由公路、铁路、内河航运和空运等构成，其中以公路最重要。由于经济发展水平的限制，马里交通还是比较落后的。

一 公路运输

马里是个内陆国家，交通运输不发达，进出口物资需经邻国港口转运，国内运输主要靠公路。独立以来，政府重视交通基础设施的建设，公路里程不断增加。1956年马里公路网的总长度为11150公里，其中，5000公里是几乎不能通

① William Irvin Jones，*Planning & Economic Policy in Mali*，Three Continents Press Washington DC，p.119.

② *Africa South of the Sahara 2002*，London，the Gresham Press，p.623.

车的小路。1967 年底，马里全国公路网总长 12080 公里，其中，永久性公路 7500 公里。永久性公路中，沥青路面公路 1155 公里。全国共有 3 条主要公路，即巴马科——库利科罗；巴马科——塞古——马尔卡拉；巴马科——布古尼——锡卡索。这 3 条都是沥青路面公路。巴马科与全国主要城镇之间，都有公路相通。自巴马科向东南可达布古尼、锡卡索；自巴马科向东北经塞古、马尔卡拉可达尼奥诺、贡达姆、通布图、基达尔，也可经过塞古、萨恩、莫普提至加奥；自巴马科向西北可通尼奥罗、卡伊等地。

1999 年，马里公路总长 17107 公里，其中主干线 1500 公里，沥青路面只有 2760 公里。[①] 公路运输担负着全国客运量的 75% 左右和货运量的 45% 左右。有 2 条国际公路由巴马科通往几内亚的科纳克里和科特迪瓦的阿比让，其长度分别为 961 公里和 1227 公里。在国际货运方面，70% 运往阿比让。[②]

表 4－19 马里汽车拥有量

	1994	1995	1996
小汽车（辆）	24250	24750	26190
卡 车（辆）	16000	17100	18240

资料来源：*Africa South of the Sahara 2005*，p. 710。

二 铁路运输

马里只有一条铁路，是塞内加尔—马里铁路的一部分。这条铁路起自塞内加尔首都达喀尔，跨过塞内

① 资料来源：*Africa South of the Sahara 2005*，p. 717。

② 中华人民共和国外交部网站，国家概况·马里。

加尔河支流法莱梅河进入马里境内，经过卡伊、巴富拉贝、基塔、巴马科，终点库利科罗，全长1286公里，其中马里境内729公里。铁路轨距1米，内燃机车牵引，限制坡度10‰，最大坡度23.5‰，最小曲线半径300米，最高行车速度75公里/小时。

马里境内铁路客、货运量不大，沿线共有29个车站。1971年旅客周转量为8000万人公里，货物周转量为1.48亿吨公里。马里的进出口货物和西部地区的物资交流，主要依靠铁路运输，年货运量为20万~25万吨。经铁路进口的主要货物为水泥、钢铁、石油产品、机械、化肥、糖、盐、纺织品等，出口的主要货物为棉花、大米、花生、牲畜、皮革、鱼类、卡利特油果等农林牧渔产品。1999年，马里铁路的客运量为77.8万人次，货运量为53.6万吨。

表4-20　马里铁路运输

	1997	1998	1999
客运量(万人次)	86.2	79.0	77.8
货运量(万吨)	56.5	56.6	53.6

资料来源：*Africa South of the Sahara 2005*, p. 710。

马里是个内陆国家，没有自己的出海口。马里曾经设想修建两条通往大西洋口岸的铁路：一是自锡卡索通往科特迪瓦旺戈洛杜古联结该国铁路的线路；二是几—马铁路（经科纳克里出海），其中巴马科至几内亚的库鲁萨，全长350.8公里，马里境内154.1公里。1968年中国曾与几内亚、马里就帮助修建铁路问题进行了协商，并派出了考察组进行考察。

近年来，马里对铁路的管理制度进行改革，将铁路经营权出租。马里原铁路局（巴马科至达喀尔）负债30亿西非法郎，处于破产境地。2003 年 3 月加拿大企业 CANAC-GETMA 报价 156.68 亿西非法郎，获得经营权。同年 9 月 23 日在巴马科签订了租赁协议，期限 25 年。CANAC-GETMA 公司持有 51% 的股份，马里和塞内加尔分别占 10% 的股份，职工持股 9%，另有 20% 为私人持有。马里原铁路运输只承担马里每年 250 万吨进出口货物的 10%，每月只有 2 万吨，出租后取得初步成效，该年 10 月份货运就达到 5 万吨，客运盈利 1.21 亿西非法郎。①

三 内河航运

马里的内河水运起着较大作用，内河航线总长 3534 公里。尼日尔河是非洲最大的水上运输动脉之一。尼日尔河干流除了巴马科—库利科罗段 57 公里被瀑布急流所阻外，其余均可通航，通航河段有二：一段自几内亚的库鲁萨至巴马科，长 350 公里，每年 6 月 15 日至 12 月 15 日通航半年；另一段自库利科罗以下直至尼日尔境内均可通航，其中库利科罗至马里北部安松戈一段长 1408 公里，是马里主要内河航线。但由于旱季和雨季水位比差较大，航行具有季节变化。旱季 50 吨船只仅能通航至马尔卡拉，雨季开始后的 6～12 月通航条件较好。6～8 月 80 吨船只可行驶至莫普提，9 月以后库利科罗—安松戈全段可通 150 吨船只。尼日尔河除了干流外，支流巴尼河萨恩至莫普提段雨季亦可通航（长 225 公里）。

库利科罗、塞古、莫普提、尼亚奋凯、布雷姆和加奥是尼日尔河的内河港口，其中以库利科罗最大。库利科罗是塞—马铁路的终点，尼日尔河中段航线的起点，马里水陆运输转运站。

---

① Http://ml.mofcom.gov.cn/article/200402/20040200176134-1.xml

塞内加尔河马里境内一段坡陡流急，有费卢等瀑布阻隔，缺乏航行条件，但自加伊以下全部河段通航，可沿河进入塞内加尔，抵达大西洋口岸圣路易市，只是通航时间较短，每年仅有3个月时间（8～10月）。

内河航运的主要缺陷是，马里境内的河流缺乏水坝调节设施，降水量不均匀，因而不能保持正常的水位，有不少河段通航的时间是季节性的。

马里航运公司负责内河航运的经营和管理，其总部设在库里科罗。目前该公司拥有3艘混合型的客货船，3艘汽艇和拖轮，大小平底驳船30余艘。受干旱影响，加之船只陈旧，内河运输量发展迟缓。客运量为5.5万人次，货运量为5万吨，主要运输粮食、岩盐、石油制品、水泥等物资。

四　航空运输

马里的国家航空公司于1960年成立。马里航空公司除了国内航线外，还有每周一班次的巴马科——马赛——巴黎航线、巴马科——拉巴特——巴黎航线和5条非洲内陆航线（从巴马科分别至阿比让、阿克拉、尼亚美、科纳克里、蒙罗维亚）的飞行。巴马科拥有为所有国际航空常用的飞机起降的设备。马里的机场除了巴马科、塞古、尼奥罗、莫普提、滚达姆和加奥外，还有凯斯、通布图、耶利马内、顿察、尼奥诺和尼亚奋克。1964年巴马科的航空客运为4.6万人次，货运量为1250吨。[①] 70年代中期，国内航线有巴马科——塞古——通布图——加奥以及巴马科——加伊等航线，由马里航空公司经营。国际航线有巴马科——拉巴特——巴黎（马里经营）；巴马科——拉巴特——苏黎世——布拉格（捷克经营），每周一次；

① 〔德〕恩诺·博伊歇尔特：《马里》，上海人民出版社，1976，第205～206页。

巴马科——阿尔及尔——贝尔格莱德——莫斯科（苏联经营），每周一次；巴马科——阿克拉（马里经营）；巴马科——巴黎（法国经营）；巴马科——达喀尔（法国经营）。1983 年马里空运的客运量为 14.08 万人次，货运量为 6117 吨。因亏损严重，马里航空公司于 1988 年被解散。

1990 年，国家参与 20% 的投资，成立马里塔斯航空公司（Malitas）。共有 5 架飞机，主要经营国内航线。1992 年 5 月，马里获准加入非洲多国航空公司。1993 年 10 月，建立股份制航空公司，资产 5 亿非洲法郎。首都市郊有巴马科—塞努国际机场，跑道长 3200 米，宽 45 米，可起降各种大型客货飞机。马里有从巴马科分别至巴黎、达喀尔、瓦加杜古、阿比让、拉各斯、尼亚美、阿克拉、利伯维尔、科纳克里、卡萨布兰卡、阿尔及尔等地的国际航线。法国、阿尔及利亚、布基纳法索、埃塞俄比亚、摩洛哥、几内亚、毛里塔尼亚等国的航空公司有班机在巴马科起降。国内其他地区有小型机场 20 多处，全国机场大小跑道 22 条，航线总长 2.5 万公里。1993 年，客运量为 29 万人次，货运量为 5925 吨。①

近年来，马里为了加快发展航空运输业，积极寻求国际合作。2003 年 11 月，马里通过国际招标选择航空运输的合作伙伴，最后选中阿加汗（AGA KHAN）集团的 AKFED/IPS 公司（系一家巴基斯坦跨国公司）。2005 年 2 月 25 日，马里装备和运输部长、工商部长、经济和财政部长、国有资产和地产部长等出席了与 AGA KHAN 集团代表签署有关成立马里航空公司协议的仪式。

新的航空公司（CAM）注册资本 30 亿西非法郎，国家占 20%，马里私人投资占 29%，AGA KHAN 集团占 51%。新航空

① 中华人民共和国外交部网站。

公司的运输业务分三步走：2005 年 6 月起开发国内航空运输；然后开通与西非地区国家首都的航线；第三步发展国际航空运输，用空中客车飞往巴黎。

第五节　旅游业

一　概况

马里是西非地区的文明古国，是中古时代加纳、马里、桑海三大帝国的核心地区，有着丰富的历史文化古迹。杰内、通布图都是重要的古都，这里有著名的清真寺，还可以看到 19 世纪欧洲探险家的住宅。毗邻尼日尔河的莫普提市河网密布，号称马里的威尼斯，邦贾加拉则有举世闻名的多贡文化遗迹。旅游旺季是每年 10 月至次年 2 月之间，月平均气温不超过 30℃，夜晚较凉爽。旅游者多来自法国、德国、比利时、意大利、美国。1997 年约有 7.5 万名游客到马里游览，给马里带来了 2600 万美元的旅游收入（见表 4－21）。1999～2000 年有 9 万名游客访问马里，旅游收入达 9000 万美元。[①] 2002 年马里入境旅客为 9.6 万人。全国有旅游客房 3492 间，床位 5349 张（见表 4－22）。

表 4－21　马里旅游业概况

年　　份	1995	1996	1997
入境游人数（千人）	42	98	75
旅游收入（百万美元）	25	29	26

资料来源：*Africa South of the Sahara 2002*，London，the Gresham Press，p. 624。

① *Africa South of the Sahara 2002*，London，the Gresham Press，p. 630.

表 4-22 游客人数及接待能力

年 份	1998	1999	2000	2001	2002
游客(千人)	83	82	86	89	96
游客来源					
非 洲	18	16	19	19	21
美 洲	8	9	9	8	9
欧 洲	49	50	48	51	56
接待能力					
客房数	1988	2271	2748	2816	3492
床位数	2544	2875	3076	3146	5349
入住率(%)	36	34	35	34	37

资料来源：*The Economist Intelligence Unit Limited*, 2004, Mali, p. 32。

二 主要旅游资源①

马里旅游资源丰富，在历史上马里是西非文明的中心地区，文化积淀深厚，留下了丰富的人文景观；马里的自然风光丰富多彩，沙漠、草原、平原、河谷、山地一应俱全。杰内古城、通布图、邦贾加拉悬崖和阿斯吉亚王陵被列入世界文化遗产，这些都是马里境内的旅游胜地。

杰内古城以它独特的摩尔式建筑和灿烂的伊斯兰文化而闻名于世。在中世纪，杰内是撒哈拉商道上重要的城市，参与了黑非洲、马格里布以及欧洲之间的贸易往来。15～16 世纪，它是伊斯兰教在西非地区的传播中心。城内古建筑约有 2000 座，至今大多保存完好。古城建筑风格统一，是西苏丹建筑艺术的

① 参见世界遗产选辑（63）马里专集 http：//bbs. cctv. com. cn/forumthread. jspid = 4804162

代表。用灰泥涂抹的捣实黏土块是常见的建筑材料，画有装饰的壁柱、雉堞以及护墙成为主要的建筑特色。杰内古城被世人誉为“尼日尔河谷的宝石”。城内最著名的建筑是 1907 ~ 1909 年按 15 世纪苏丹建筑风格重建的杰内大清真寺。该建筑没有一砖一石，而是用一种特殊的黏土和椰树树枝为骨架建成的，建筑面积达 3025 平方米。100 根粗大的四方泥柱支撑着大厅的屋顶，高大宽阔的寺门十分壮观。杰内古城自然风光优美。古城坐落在尼日尔河三角洲的最南端、尼日尔河支流巴尼河的左岸，碧绿的巴尼河缓缓流过市区，市内沟渠纵横，流水潺潺，绿树成荫。

通布图是马里的一座历史名城，它是中世纪撒哈拉商道贸易重要的枢纽，也是著名伊斯兰文化中心。从 14 世纪中叶起，先后成为马里帝国和桑海帝国的重要城市，城市的基本格局就是在那时确定下来的。在阿斯吉亚王朝（1493 ~ 1591）时期，成为西非地区文化和宗教中心，世界各地的伊斯兰教学者纷纷到这里讲学布道，使得这座城市与当时的开罗、巴格达和大马士革齐名。通布图的古建筑大部分保存完好，最著名的建筑是穆萨清真寺，这一著名的伊斯兰建筑群在 1325 年初建，经过几次扩建才形成现在的规模。穆萨清真寺由两座宣礼塔和三座内院组成，两座宣礼塔中较高的一座是市内最高的建筑。市内另一座著名建筑是创建于 14 世纪的斯科尔清真寺，在寺中耸立着一座装饰精巧的宣礼塔。16 世纪，斯科尔清真寺是著名的伊斯兰高等学府，学者在寺内研究《古兰经》以及法学、文学、历史和天文、地理等学科。

阿斯吉亚王陵是桑海帝国著名的国王阿斯吉亚·穆罕默德一世的陵墓。1495 年建于首都加奥。这座王陵给人印象最深刻的是 17 米高的金字塔形建筑。雄伟的王陵反映了 15 ~ 16 世纪桑海帝国的强大、富裕和繁荣。当时，桑海帝国控制了撒哈拉商道贸易，特别是盐和黄金。王陵包括了金字塔形坟墓、两个平顶清真寺建筑、公墓和露天的集会场地。这些都是阿斯吉亚·穆罕默德国王从麦加回来定伊斯兰教为国教并将加奥作为首都后建造的。

独特的多贡文化是马里最负盛名的旅游资源。①

多贡高原位于尼日尔河大河曲南边，从西边的邦贾加拉大悬崖到东边的洪博里山，绵延400余公里。这是世界罕见的丹霞地貌奇观，加之世代居住在那里的多贡民族，积淀了著名的多贡文化，故有“世界丹霞奇观”、“人类高贵遗产”之称，1989年被列入《世界自然与文化遗产》名录，属自然与文化兼备的“双料”人类遗产。这一带是著名的多贡人的聚居地，悬崖峭壁间，布满了犹如蜂窝般的多贡人的住宅。这里的居民有独特的社会制度和文化艺术，经常举行假面舞会。多贡人的习俗和传统生活方式保留至今，他们居住的房屋多建筑在岩石峭壁上，尖顶泥屋，层层叠叠，别具一格。马里政府近年不断拨款，修路打井，建造旅店，使这里成为马里的旅游胜地。

丹霞地貌是在红色岩系地质基础上发育成的一种地貌类型。在早晚阳光映照下，呈现耀眼的红色或紫色。多贡高原的丹霞景观有几大突出特点。一是它年代悠久，红色岩系的年代从5亿多年前的晚前寒武纪延续到2.5亿年前的古生代末期。二是红色地层的厚度深，即使是海拔1155米的洪博里山，它下面的红色岩系至少还有1500~2500米厚。整个高原都由这种地层组成，从而形成规模宏大的丹霞景观。多贡高原的丹霞景观面积超过1000平方公里。三是大悬崖气势宏伟，高原南面的邦贾加拉大

① 参见文图、文云朝《马里多贡高原》，载于《大自然探索》2003年第3期；〔美〕戴维·罗伯茨：《马里的多贡人》，原载《全国地理》1990年第10期，张善余译，载于《民族译丛》1991年第6期。

悬崖，由古生代后多次造山运动中产生的大断层发育而成，最高海拔791米，与南面平原的相对高差在200～400米之间，而且弯弯曲曲延伸250公里，成为西非地区最大悬崖。

多贡高原，因自古以来多贡族聚居于此而得名。多贡族据说是非洲苏丹族系中最早定居的一个民族，他们原生活在南方遥远的肥沃平原上，以务农为生，为躲避游牧民族的侵袭，早在中世纪西非地区处在大小帝国纷争和交替的时期，多贡族就陆续迁入高原之中。正是在强大的游牧民族的长期包围之下，多贡族成为西非地区一个富有特色的定居民族，造就了独树一帜的定居文化。多贡文化内容丰富，富有民族特色，而且由于高原的封闭性而带有一定的神秘色彩。

首先，聚落选址、房子式样和建筑材料都很独特。充分利用地势条件抵御外族入侵，这是多贡人聚落选址的首要原则。因此，他们的村庄或分布在陡崖上，或坐落在台地之中，或建在山顶上，甚至在悬崖峭壁间，犹如蜂窝状的多贡族的住宅成为多贡文化的一景。另外，出于集体防御考虑，村庄规模一般都比较大，有100～200户人家。多贡族的房屋有几个共同特点：房子矮小，面积一般只有几平方米，高2米左右；全部用红色石块砌成，呈方块状、平顶小屋；房子布局一般都很密集、紧凑，而且顺着地势高低上下错落呈不规则分布。为了盖这种房子，他们搬动大石头，在石头上支起杆子、柱子，再抹上一层黏土。墙是用石块或烧制的黏土块砌成的，外面抹上一层黏土。有的房子高两三层。那建筑在岩石峭壁上的尖顶泥屋，随着山势起伏，层层叠叠，煞是壮观。

其次，特殊的环境造就了多贡族独特的农业文明。那里有古老的梯田，有牲畜饲养与积肥、施肥相结合的精耕细作的农业。尽管高原上地势起伏，石多土少，但这里仍然随处可见那狭小而零散的“山坳田”，以及高低不等、零星或小片分布的梯田。除了种稻谷、黍类、高粱、木薯外，还有棉花、烟叶、洋葱、辣椒和其他蔬菜和水果。为充分利用土地资源，林粮间作的方式很普遍，而且农牧结合、林牧结合也构成了一道独特风景。

多贡人还有他们独特的播种节，即“翁东菲勒”节。多贡族居住的班迪加拉山区，自然条件十分恶劣，严重缺水，因此，多贡人历来对水都很珍贵。多少年来，在多贡人中形成了一些与水有关的习俗。每年 4 月第一场春雨过后的第三周，他们都举行称之为“翁东菲勒”、意即播种节的庆祝活动，庆祝活动的主力是青年男女。年轻人不仅把播种节视为盛大的节日，而且也当作富有教育意义的一次重要活动。小伙子们戴着光怪陆离的面具，由全村男子陪同，集体到丛林中模仿原始人的生活，劳动、狩猎、嬉戏几天。而后在某个晚上，他们装成“强盗”突然下山，包围自己的村子，大喊“敌人把村子包围了”！村中的妇女应声而出。于是这些年轻人便在妇女面前跳起“战士舞”，模仿打仗的动作。看着看着，妇女们也加入舞蹈的人群中，欣喜若狂地跳起舞来，整个节日活动进入高潮。节日过后，村民们纷纷到田里播种。

再次，多贡族的文化生活、服饰和手工艺品都十分具有民族特色，反映出一种独特的文化氛围。如化装舞会，既是民族节庆日的一种文化盛会，又是民间婚丧和祭祀活动的一种礼仪表示，其区别在于舞者的面具和服饰及表演动作。多贡人的特色工艺品多种多样，有各式各样的面具，有式样与花色纷呈的服饰和饰品，还有品种繁多的编织和雕刻工艺品等。假面舞会上人们戴的面具有 90 多种，用以表现不同的舞蹈内容。

最后，多贡人重视葬礼，他们有独特的洞葬。多贡族人世世代代居住在山区，他们在人死后，采用奇特的“洞葬”方式。在多贡人的世界里，没有什么地方比他们的墓洞更神圣了。葬尸的山洞就设在村庄附近的山顶端，洞旁是用石块垒成的小型尖塔。人死后，多贡人通过假面舞那放纵的舞蹈动作排遣他们的悲哀。葬礼在夜幕降临后开始。死者生前好友带着小米、水果等物品向死者致哀。与此同时，村上的一群男子戴上面具，来到死者住所，在激昂的鼓声中跳舞。他们还用火枪对空射击，并模仿战斗动作，以示对死者的敬意。接着全村村民都来参加葬礼。年长妇女敲着大葫芦，年轻妇女随着节拍跳舞，这样一直延续到第二天傍晚。最后，在妇女们的哀哭声中，木棺被人们高举过头顶通过全村，然后，亲友们小心翼翼地用猴面包树皮做的绳子把木棺升到悬崖上的一个山洞里。

马里的沙漠旅游业也别具一格。在马里北部的撒哈拉沙漠里，灰褐色的沙砾极细，在炎热的季节，沙丘的表面温度多在60℃以上。在这里做“沙疗”的游客，一排排躺在沙坑里，患病的部位埋在沙堆里，身体的其他部分用布篷遮住，身旁放着水壶，患者要不断地喝水。每个患者根据身体状况或遵医嘱每天做2~3次沙疗。到马里来进行“沙疗”的人来自世界各地，主要是那些患有严重风湿关节炎的人。撒哈拉沙漠的沙砾中含硫、铁、钾等矿物质，加上炎热气候和沙子本身的特性，所以对湿热病有特殊疗效。近年来，来此做沙疗的人越来越多。法国和马里北方的一些生意人纷纷来此投资，修建旅馆，建立诊所，发展旅游业。其中，斐巴摩纳的沙漠旅馆最负盛名。斐巴摩纳是马里最热的地方，最高气温可达60℃。为了给滚滚热浪中长途跋涉的旅客提供一个凉爽的休息之处，当地居民开设一种“井中旅店”。他们在高坡上打3米多深的干井，然后在井底四周挖出一个高2米、面积40平方米左右的空洞，用小木梯上下。在空洞里，安置20~30个铺位。在这种井中旅店里，气温只有13~14℃，非常凉爽。大的井中旅店设有餐厅和其他生活设施。斐巴摩纳最有名的井中旅店“兹勒库井中旅店”，备有大井12个、小井 11 个，住宿、餐厅、游艺一应俱全。

此外，马里旅游资源还有大象保护区、尼日尔河三角洲的鸟区，总面积超过 380 万公顷，为旅游者提供了观光和狩猎的机会，也使马里的旅游业呈现出多样化。

第六节　财政与金融

一　政府财政

马里独立以来，经济虽有一定发展，但仍属世界上经济最不发达国家之一，农牧业依然在国民经济中占主导地位。1994 年人均国内生产总值仅 176 美元。1999 年人均国民生产总值为 240 美元，在西非地区位于加纳、几内亚和塞内加尔之后。[①] 2002 年，64% 的人口生活在贫困线以下。2004 年人均国内生产总值为 300 美元。[②]

1994 年 1 月非洲法郎贬值后，马里的财政状况有所好转。马里的财政预算 1993 年为 940 亿非洲法郎，1994 年增加到 1260 亿非洲法郎，1995 年为 1607 亿非洲法郎。马里财政预算 2000 年和 2001 年分别为 5.54 亿和 5.81 亿美元，其中外国赠款分别占 27% 和 24% 左右，外援在国家预算中占有重要的位置。

1987 年马里外汇储备（不含黄金）1580 万美元，2000 年外汇储备（不含黄金）达到 3.81 亿美元。但是，马里的财政赤字 2002 年高达 840 亿非洲法郎，财政形势依然严峻（见表 4－23）。

---

① *Africa South of the Sahara 2002*, London, the Gresham Press, p. 617.

② 世界银行网站。

表 4－23　1998～2002 年马里政府财政

单位：10 亿非洲法郎

年　份	1998	1999	2000	2001	2002
预算收入	255	272	270	320	388
税收收入	223	235	233	282	324
非税收入	32	37	37	39	65
赠　款	90	83	101	100	86
总收入	345	356	371	420	474
日常开支	167	195	201	245	283
工资支出	59	65	73	82	90
支付利息	12	14	16	15	18
其他支出	96	116	112	148	175
资本预算	197	200	217	236	212
特别基金	23	25	24	63	67
净贷款	－4	－2	－3	－11	－5
总支出	384	417	440	533	558
平衡	－39	－62	－69	－112	－84

资料来源：*The Economist Intelligence Unit Limited*，2004，Mali，p. 47。

二　国际金融

国际收支由经常性账目和资本性账目构成。近几年来，马里经常性账目的赤字额有所下降，由 1998 年的 1228 亿非洲法郎下降到 1091 亿非洲法郎。在资本性账目中，金融（包括直接投资、官方和非官方投资留存、官方和非官方公债投资）账目结算有较大的增长，由 1998 年的 975 亿非洲法郎增加到 2002 年的 1957 亿非洲法郎。由于黄金产量的快速增加，带动出口额迅速上升，使得近几年马里国际收支的总形势好于往年（见表 4－24）。

表 4-24 1998～2002 年马里国际收支指数

单位：10 亿非洲法郎

年 份	1998	1999	2000	2001	2002
出 口	328.1	351.6	388.1	530.5	660.2
进 口	-329.3	-372.8	-421.5	-532.9	-498.0
外贸平衡	-1.2	-21.2	-33.4	-2.4	162.2
经常性账户平衡	-122.8	-155.7	-181.2	-213.5	-109.1
金融账户平衡	97.5	116.7	256.2	248.5	195.7
总平衡	-31.2	-32.8	70.9	-42.2	65.6

资料来源：*The Economist Intelligence Unit Limited*，2004，Mali，p.51。

马里外债沉重。1987 年马里外债为 18.5 亿美元，1991 年增加到 25 亿美元，1999 年达到 31.89 亿美元。1991 年马里外债占国内生产总值的 104.9%，至 1999 年这一比例提高到 126.3%。马里国家外债 2000 年和 2001 年分别为 29.74 亿和 29.11 亿美元，而同期国内生产总值为 27 亿和 28 亿美元。所幸马里外债中长期债务的比例很高，长期外债之中长期贷款比例占 80% 以上（见表 4-25）。

马里沉重的债务负担引起了国际社会的关注，2003 年中国取消了马里欠中国的 370 亿多非洲法郎的债务。① 2003 年 3 月 12 日，巴黎俱乐部债权国代表在巴黎宣布，减免马里 7000 万美元的债务余额（按净现值计算，截至 2003 年 3 月 1 日，马里欠巴黎俱乐部国家的债务总额为 1.69 亿美元）。减免援助将用于支持实施“经济稳定增长和全面减贫计划”。②

① 2005 年 10 月 4 日马里《发展报》，引自中国商务部网站。

② 2003 年 3 月 13 日马里《奋进报》，引自中国商务部网站。

表 4-25　1998～2002 年马里外债指标

单位：百万美元

年　份	1998	1999	2000	2001	2002
外债总额	3205	3189	2974	2911	2803
长期外债	2833	2807	2665	2637	2487
多边	1571	1607	1507	1517	1743
双边	1263	1200	1158	1120	744
短期外债	185	189	134	103	151
用于 IMF 贷款	186	193	176	171	166
外债占 GNP 的比例	125.9	126.3	123.3	118.2	98.6
长期贷款在长期外债的比例	82.8	82.7	84.1	85.1	87.6

资料来源：*The Economist Intelligence Unit Limited*，2004，Mali，p. 52。

三　外国援助

外国援助对马里的经济发展以及收支平衡都起着非常重要的作用。1986～1990 年的外援总额为 20.61 亿美元，平均每年 4.12 亿美元。1991 年获得外援 4.73 亿美元。外援主要来自法国、美国、荷兰、加拿大、联合国、欧洲联盟和非洲发展基金等。1995 年马里外援增加到 5.413 亿美元，其中捐赠 3.404 亿美元。2002 年，马里获官方发展援助共 4.72 亿美元，其中双边援助 2.57 亿美元、多边援助 1.62 亿美元。在双边援助中，法国提供 0.636 亿美元，美国 0.492 亿美元，荷兰 0.382 亿美元，日本 0.17 亿美元，德国 0.28 亿美元。在多边援助中，国际开发协会提供 0.863 亿美元，欧盟 0.572 亿美元，非洲发展基金 0.065 亿美元，联合国开发计划署 0.036 亿美元（见表 4-26）。

表 4-26 外界对马里官方发展援助

单位：百万美元

年 份	1998	1999	2000	2001	2002
双边援助	236.2	237.3	299.8	208.5	256.8
其 中					
法 国	59.7	58.2	98.1	60.8	63.6
荷 兰	36.1	26.2	42.5	41.5	38.2
美 国	28.5	34.2	56.4	24.8	49.2
日 本	26.9	25.5	32.2	23.1	17.0
德 国	51.4	48.8	31.6	19.3	28.0
多边援助	116.7	94.0	61.3	131.9	161.5
其 中					
国际开发协会	39.0	46.3	40.7	69.0	86.3
欧 盟	35.5	23.2	9.6	28.8	57.2
国际货币基金组织	3.0	-11.7	-8.2	2.1	-18.5
联合国开发计划署	9.8	7.5	2.0	2.6	3.6
非洲发展基金	18.1	20.9	4.7	3.9	6.5
总计（包括其他援助）	347.4	331.1	359.7	353.6	472.1
捐 赠	309.5	298.1	428.5	295.3	363.3

资料来源：*The Economist Intelligence Unit Limited*，2004，Mali，p.51。

自1992年以来，马里坚持“民主化”改革，得到西方国家的认可，每年从国际金融机构和西方国家得到大量的援助。马里每年接受的外援平均在4亿美元左右，约占其国内生产总值的17%，与财政收入相当。对马里提供援助的27个主要国家和机构在2001~2005年期间，共向马里提供约14.80亿美元的援助。马里接受的外援有以下特点：

其一从双边援助看，近几年，美国和法国名列前茅，前者平均每年在4000万美元左右，后者约3000多万美元。随后是荷兰、德国、比利时、利比亚、加拿大、瑞典、瑞士等。双边援助平均占外援总额的38%左右。

美国提供援助的形式主要是无偿援助，其中60%是通过非政府机构执行的；培训、技术援助和扶持私营企业占30%；还有10%直接提供给政府。主要受援领域为医疗卫生和教育、信息通信和马里北部开发。

法国对马里的援助主要通过法国合作基金和法国发展署。前者主要为无偿援助，后者主要是贷款。无偿援助主要集中在技术援助和培训，占无偿援助的30%；项目可行性考察、扶持地方分权占40%；农业发展占20%；其余占10%。法国发展署承担法国合作基金援款的执行。它的贷款援助涉及农村及地方的发展，扶持与棉花相关的行业，以及通过马里农业发展银行对农村提供小额贷款等占38%；基础设施建设占48%；扶持私营企业占13%。

荷兰的援助也多为无偿援助，平均每年在2500万美元左右。它通过双方协商及制定的三年计划来实施，其中教育占27%左右、卫生等占13%、农村发展占28%、扶持国家预算占32%。

德国的援助也主要为无偿援助，每年平均2000万美元左右，主要用在地方分权、农业发展和自然资源的管理。

其二从多边援助看，金融机构中世界银行提供的援助最多，每年达到6000多万美元；非洲开发银行3000多万美元。再加上西非开发银行、伊斯兰开发银行和阿拉伯非洲国家开发银行，这5家机构提供的援助约占马里外援总额的36%。世界银行对马里援助主要是带有条件的贷款，它同时还管理着那些在马里没设机构的国家的援助，如日本的赠款。世界银行的援助主要是用在发展基础设施，通过此举发展农村、建立学校、提供医疗设备等，并且扶持私营企业和推动机构改革。

欧共体主要通过欧洲开发基金对马里提供援助。通过欧洲开发基金的多为无偿援助，通过欧洲投资银行则为贷款援助。每笔援助计划为5年。

其三从受援的10个主要领域看，在2000年，约28%的援助额用于基础建设（公共工程、能源水利、矿业、通信）；22%涉及农村发展、环保和食品安全；19%用在机构整顿；10%用在完善金融机构。而在2001~2005年，用于教育、卫生和农村发展的投入有较大的提高：约28%的援助额用于基础设施；27%涉及农村发展；10%分别投入到教育和卫生领域。

从受援领域的参与国和机构参与程度上看，有20个国家和机构参与了农村发展、环保、食品安全项目：世界银行占这方面外援额的31%，非洲开发银行和基金占13%，欧共体占11%，美国占8%，法国占6%。在基础设施方面，有18个国家和机构提供援助：欧共体占29%，西非开发银行占11%，非洲开发银行和基金占11%。完善政府机构的管理和地方分权吸引了11个援助单位：世界银行占29%，欧共体占24%，美国占10%，法国占9%，比利时占8%，德国占7%。在卫生、社会事务方面有12个援助国和机构参与：美国占53%，世界银行占17%，欧共体占7%，比利时占5%，荷兰占4%。有14个援助国或机构援助了教育领域：世界银行占34%，美国占23%，荷兰占16%。

马里政府努力采取措施以扩大外援。政府一方面积极建立公正、透明的法制环境以及稳定、民主的政治环境，吸引国外援助；另一方面，适时调整政策，不断改善国家财政，逐步扩大税收，逐渐减少预算对外援的依赖，保证国家财政的信誉。在国家公共投资中，加强基础设施的建设，加强农村的发展，提高人力资源的投入。①

---

① 中华人民共和国商务部网站。

表 4-27　马里吸收外援 10 个主要领域（2001~2005 年）

单位：亿西非法郎

用途＼年份	2001	2002	2003	2004	2005	合计
1. 结构改革与调整	339.22	70.25	63.34	38.48	36.48	547.77
2. 改善政府管理与地方分权	330.49	326.97	244.98	107.37	64.91	1074.72
3. 司法	3.08	5.18	8.61	1	0	17.87
4. 教育	286.92	245.08	249.38	133.45	58.07	972.90
5. 卫生、社会事务	269.39	258.92	194.93	181.99	120.02	1025.24
6. 促进妇女参与社会活动	53.85	68.01	48.03	8.46	8.48	186.83
7. 农村发展、环保、食品安全	746.87	722.27	588.36	278.24	249.65	2585.39
8. 基础设施	1055.14	940.15	463.59	142.10	111.39	2712.37
9. 金融	106.25	111.53	71.79	4.32	3.61	297.50
10. 私营企业	39.14	40.44	43.65	28.45	28.45	180.13

资料来源：中华人民共和国驻马里大使馆经济商务参赞处网页。

2002 年度马里与 14 个国家签署了 49 项援助协定，总金额约 2.5 亿美元。各国对马里的援助都有其侧重，马里受益部门也比较分散，但总起来说主要围绕消除贫困、政治民主化、发展农业、教育、卫生等领域（见表 4-28）。

表 4-28　2002 年度马里接受双边援助情况

单位：万美元

国　家	协定(个)	援助金额	用　途
荷　兰	4	4769	用于支持 2001~2004 教育计划投资、社会卫生发展十年计划
德　国	2	4465	用于北方项目
美　国	10	3388	用于民主政治战略目标、长期经济增长战略目标、信息通信、北方发展、医疗卫生、基础教育、加速经济增长
日　本	5	2658	用于建设学校、项目外赠款、增加粮食生产、减债

续表 4－28

国　家	协定(个)	援助金额	用　　途
加拿大	4	2464	用于共同发展基金、司法发展十年计划、动员群众和分权、2001～2004 基础教育投资
法　国	11	2441	用于马里承办 2002 年非洲杯预算援助、合作发展投资、项目投资、支持分权、开发人力资源和发展农业研究、加固铁路桥梁工程、支持地区发展、改善棉区开发计划、建立社会发展基金、城市发展
瑞　典	3	1735	用于反贫困预算援助、教育预算援助、支持 2002 年大选
科威特	1	1119	用于灌溉项目
中　国	2	656	无偿援助项目
比利时	1	644	用于支持管理项目、加奥地区水利项目
俄罗斯	2	317	用于水利建设、支持分权
西班牙	1	137	
卢森堡	2	108	用于巴马科供水、扫盲、城市环境管理
意大利	1	91	用于打击边境贩卖儿童

资料来源：中华人民共和国商务部网站。

四　税制改革

马里政府欢迎和鼓励外国公司或个人在马里投资，除了在矿业、石油领域有一定的限制外，对其他投资领域和建立实体的控股比例都没有限制。

根据马里投资法，得到经营许可的企业都可以申请享受税收优惠政策，优惠政策因所设企业的性质、规模和投资地点的不同而异。

投资分为 3 类：A 类，属中小型企业，营业额在 1 亿非洲法郎（约 14 万美元）以下的；B 类，大型企业，超过 1 亿非洲法郎的；C 类，免税区内出口型企业，80% 的产品用于出口的。此外，在国企私有化过程中参与企业的整顿和复兴的投资也可视情享受A或B类的优惠政策。

优惠政策如下：

(1) A类企业，5年内全部免除工商利润税和营业许可税；B类企业，8年内全部免除上述税费。

(2) A类和B类企业，5年内免除新建企业地税和不可转让的法人财产税。房地产企业可延长至10年免除上述税费。

(3) 成立企业过程中有关登记注册税费可分3年支付，再增资时免除此项税费。

(4) 免税区内出口型企业（C类）全部免除各种税费（内销产品除外）。

另外，通过增加免交工商利润税和营业税的期限来鼓励在巴马科以外的地区建立企业。增加免税期限按地理区域确定：一类地区——巴马科；二类地区——库利科罗、锡卡索、塞古，免交工商税和营业税的期限增加2年；三类地区——莫普提、通布图、加奥和基达尔，免交工商税和营业税的期限增加4年。

马里对外国投资采取了一些保护措施，“投资法”规定，外国投资者与本国投资者享受同样优惠条件。任何自然人和法人在马里的外汇投资和其所得的转让权受保护，也就是说，在马里进行投资或在马里工作的外国人只要遵守换汇规定，就有权转移外汇投资中所产生的股息、其他各种形式的收益、清算时的收入、财产收入、工资等等。

申办建立企业的手续相对简单易行，在“统一窗口”可以享受一条龙式的服务，一般行业的申请3天即可得到答复。

1995年12月31日生效的马里税法共有994条，分直接税、间接税、注册税、印花税四编。1999年4月1日马里共和国总统科纳雷以总统令颁布了马里国民议会1999年3月11日修改的马里税法。税法规定：在马里注册经营的公有、私有、合资的企业、公司及个人收入，均须按规定向马里国家税务部门纳税。主要税种有直接税（所得税、营业许可证税、所得定额税、其他直接税）；间接税（营业税、特别产品税、消费税）；注册税；印花税。

马里2002年就开始税务改革，把国家税务局改称为税务总局，下设5个地区税务局，权力下放，培训税务人员，扩大税基，以便提高税收在国内生产总值中的比重（西非经贸联盟的最低标准为17%，马里只有15%左右）。税收改革已经取得初步成效，2003年马里的税收比上一年多收300亿非洲法郎，达到1531亿非洲法郎。海关税收也成倍增加，2003年为1860亿非洲法郎。①

五　货币

货币名称：非洲金融共同体法郎（Franc de la Communauté financière d'Afrique），简称非洲法郎（CFA franc）。

马里原来通用非洲法郎，1962年退出法郎区后，发行马里法郎。1967年马里同法国签订新货币协定，由法国国库提供保证，马里法郎同法国法郎及法郎区其他法郎可以自由兑换，但马里法郎需贬值50%，而且马里的外汇收支纳入法国国库开设的专门账户。马里法郎同法国法郎及非洲法郎的比值固定，1马里法郎=0.01法国法郎；2马里法郎=1非洲法郎。1984年马里重新加入西非货币联盟，当年6月开始，国际收支用非洲法郎支付。马里中央银行成为西非国家中央银行的分支机构。

① 中国驻马里大使馆经济商务参赞处网页。

六 汇率

马里的外汇管理由金融贸易部的对外事务局管理。非洲法郎对美元的比价近几年变化如下：

1989 年，319 非洲法郎 =1 美元；

1990 年，272 非洲法郎 =1 美元；

1991 年，282 非洲法郎 =1 美元；

1992 年，264.7 非洲法郎 =1 美元；

1993 年，283.2 非洲法郎 =1 美元；

1994 年 1 月，546.5 非洲法郎 =1 美元；

1995 年 3 月，479.6 非洲法郎 =1 美元；

1997 年，583.67 非洲法郎 =1 美元；

1998 年，589.95 非洲法郎 =1 美元。

表 4-29 1999~2003 年马里汇率（1 美元比非洲法郎）

年 份	1999	2000	2001	2002	2003
全年平均	615.7	712.0	733.0	697.0	581.2
年末汇率	653.0	705.0	744.3	625.5	519.3

资料来源：*The Economist Intelligence Unit Limited*，2004，Mali，p. 52。

七 银行①

马里银行分中央银行、商业银行和发展银行 3 类。

中央银行

西非国家中央银行（BCEAO），系西非经济共同体成员国

① *Africa South of the Sahara 2005*, p. 715.

（除马里外，还有贝宁、布基纳法索、科特迪瓦、几内亚比绍、尼日尔、塞内加尔和多哥）的中央银行。截至2002年12月，该行总资产为56716.75亿非洲法郎。

商业银行

马里商业银行（BOA），1983年成立，截至2002年12月，该行总资产812.37亿非洲法郎。

撒赫勒商业银行（BCS-SA），1980年成立，截至2000年12月，该行总资产225.55亿非洲法郎。

马里住房银行（BHM），1990年成立，截至2001年12月，该行总资产528.11亿非洲法郎。

马里工商业国际银行（BICI-Mali），成立于1998年，截至2001年12月，该行总资产0.337亿非洲法郎。

马里国际银行（BIM），成立于1980年，截至2002年12月，该行总资产788.06亿非洲法郎。

发展银行

马里发展银行（BDM），成立于1968年，截至2001年12月，该行总资产2581.8亿非洲法郎。

马里农业发展银行（BNDA-Mali），成立于1981年，截至2001年12月，该行总资产758.2亿非洲法郎。

第七节　对外经济关系

一　外贸概况

马里是一个传统的农牧业国家，工农业生产和人民生活需要的工业制成品主要依靠进口，主要进口商品有石油产品、机械、车辆、建材、化工制品、皮革制品以及食品等，主要出口商品有棉花、黄金、牲畜、皮革、鱼、花生、乳油木等。对外贸易在国民经济中居于举足轻重的地位。1999、2002、2003年马里进出口商品与服务占GDP的比重分别为64.7%、73.4%、65.2%。[①] 进出口总额由1971年0.90亿美元增加到2003年的20.11亿美元。

独立以来，马里外贸政策和体制发生了很大的变化。独立前，对外贸易由法国公司控制，棉花和花生的出口全部由法商垄断。独立后，在计划经济的体制下，马里政府组建了国有贸易机构，建立了外贸管理制度，实行了进出口许可证制。1960~1980年间，有关国计民生的重要商品的进口均由国有进出口公司垄断经营，并负责国内商场的批发和零售业务。同时，棉花和花生等大宗商品也由国有公司统一组织出口。国有贸易公司的进出口额占全国进出口贸易总额的50%~70%。

1981年2月，马里调整了进出口政策，放松了贸易管制，鼓励私商从事进出口贸易。以后，在经济结构调整过程中，贸易政策日趋宽松，国有进出口公司的垄断经营权不断削弱。1988年解散了国有进出口公司。1989年，新的《外汇条例》、《外贸条例》以及《进出口商品检验规定》相继颁布。至此，马里的对外贸易进入了全面的自由化时期。目前马里有进出口商约400多家，其中经营能力较强、资金雄厚的约有20余家。马里通用的贸易方式是签订货物买卖合同，其他灵活的贸易方式，如来件加工、补偿贸易以及对销贸易等基本没有。大宗进口商品则采取招标方式。还有些商品，如汽车等采取预定、试销或寄售等方式。

马里现行的进出口法规《对外贸易条例》规定，马里没有配额和进出口许可证等限制措施，马里对进出口贸易的管理根据政府通过的年度进口计划间接实施。每年由主管部门商业和财政

① World Development Indicators Database, August 2004.

部长签署进出口贸易大纲，公布主要进出口商品额度和数量。如1990年的大纲规定进口额为4亿美元，出口额为约3.1亿美元，逆差0.8989亿美元，以及详细的商品名称和数量。

马里取消了进出口许可证和进出口数量的限制，尽管实行进口登记制，一般情况下，大部分进口商品在登记注册后，便予以放行。药品、动植物、武器和军需品、香烟、烟草、火柴等商品属于禁止或限制进口商品。进口商品价值在150万非洲法郎以上的，需经过SGS商品检验并出具检验证书。

马里现行的进出口法规总的说来是比较开放和自由的，管理方式也比较简便，基本上没有非关税壁垒方面的限制。

马里政府通过年度进出口计划对全国的进出口贸易实行宏观的间接管理。对外贸易的主管部门是经济财政计划部下属的经济事务管理局。该局负责向进出口商人发放进口意向书和出口意向书。凡是有营业执照的进出口商人，凭买卖合同就可以向经济事务管理局申办进口或出口意向书。对限制进口或出口的商品则先要得到有关部门的同意，方可申办意向书。

申办进口意向书要缴纳印花税，申办出口意向书除棉花和黄金外，则不缴印花税。

凡申办进出口意向书，只要手续齐备，就可以领取。进口意向书的有效期为6个月，可延长3个月。出口意向书的有效期为3个月，可延长1个月。进出口意向书是进出口商人办理付款、结汇、海关和商检手续的凭证。

马里政府在1989年颁布了建立进出口商品检验制度的法令。委托瑞士SGS公司执行进出口商品检验。内容包括：商品的质量、数量、价格、商品与合同规定是否相符，并确定向马里海关纳税的税目号等。

马里外贸有以下特点：（1）进出口贸易逐年增长；（2）贸易不平衡，出口的主要是原料及初级产品，进口的都是价格高的工业制成品；（3）消费水平及购买力低，廉价的小商品销量大，高档商品销量小；（4）信赖欧美产品质量，青睐中国产品价格。

二　主要贸易伙伴

独立初期，马里最大的贸易伙伴是前宗主国法国，1961年马里从法国进口的商品占进口总额的3/4。随着马里经济的转型，选择“社会主义”的发展道路，马里与法国的经贸关系迅速变冷，1964年从法国进口的商品仅占进口总额的1/3。而在此期间，从苏联进口的商品在进口总额中所占的比例则从零上升到1/4。向马里提供商品的主要国家还有科特迪瓦、中国和联邦德国等。在出口方面，马里向科特迪瓦出口的商品占出口总额的1/4，其次是法国，再次是布基纳法索、加纳、利比里亚和毛里塔尼亚。到70年代，与马里有贸易关系的国家和地区达80多个，其中与法国、英国、美国、中国及非洲邻国之间的贸易额较大。80年代末，实行贸易自由化政策后，政府通过发放进出口意向书对贸易进行宏观管理。现同100多个国家和地区有贸易关系。法国、科特迪瓦、意大利和泰国等是主要的贸易伙伴。2000年，主要向下列国家和地区出口：欧盟占马里出口总额的37.9%，巴西占12.1%，意大利占9.5%，加拿大占9.4%，西非国家经济共同体（简称西共体）0.3%；主要从下列国家和地区进口：欧盟占马里进口总额的25.9%，西共体占22.1%，科特迪瓦占17.4%，法国占12.7%，塞内加尔占4.1%。2002年马里主要出口国家和地区有：泰国占13.9%，意大利占9.8%，印度占7.7%，巴西占5.5%，德国占5%，西班牙占4.9%，葡萄牙占4.3%，中国台湾占4.3%。主要进口国家有：科特迪瓦占17.1%，法国占13.5%，塞内加尔占6.5%，德国占4%。

表 4-30 1999～2003 年马里主要贸易伙伴

单位：百万美元

年 份	1999	2000	2001	2002	2003
出 口					
泰 国	31	38	29	24	30
中 国	1.4	0.4	1	1.7	28
印 度	6	11	12	13	17
意大利	28	18	10	17	16
英 国	4	9	2	5	13
欧 盟	72	71	37	59	58
进 口					
法 国	222	167	198	192	234
塞内加尔	47	47	60	92	118
科特迪瓦	223	228	223	198	108
德 国	35	51	65	54	55
南 非	22	43	31	33	41
欧 盟	390	338	409	392	433

资料来源：*The Economist Intelligence Unit Limited*，2004，Mali，p. 50。

三 主要进出口商品

马里独立之初，主要出口商品有牲畜、花生、鱼、棉花等，主要进口商品是食品、消费成品、工业成品等。1963 年马里出口额 83.45 亿马里法郎，进口额 84.49 亿马里法郎。①

70 年代马里主要进口物资有石油产品、水泥、钢铁及其他金属材料、机械、食盐、木材、建筑材料、化工产品、粮食和日用百货。马里主要出口货物有棉花、花生、牲畜和畜产品、干鱼和熏鱼、卡利特油果等。

80～90 年代马里主要出口产品有：棉花、黄金、牲畜、花生、皮革和黄金等；主要进口产品有：机械、建筑材料、化学制

① 〔德〕恩诺·博伊歇尔特：《马里》，上海人民出版社，1976，第 195 页。

品、燃料和食品等。

目前，马里出口商品的三大支柱为棉花、黄金和牲畜，这三大产品几乎每年都占出口总额的 90% 以上。自 2000 年开始，马里黄金首次超过棉花，列出口商品的首位。2002 年黄金的出口额高达 4120 亿非洲法郎，几乎是棉花出口额的 3 倍。2003、2004 年，马里黄金产量略有下降，但是它的出口额仍然占第一位，分别为 3137 亿非洲法郎和 2796 亿非洲法郎。进口商品主要是石油产品、机械类、汽车及交通工具、化肥、钢铁、电器、小五金、轻纺产品及食品等。2002 年，马里进出口总额为 4980 亿非洲法郎（见表 4－31）。石油产品是马里重要的进口商品，2003、2004 年马里石油商品的进口额分别为 1002 亿非洲法郎和 1161 亿非洲法郎。①

表 4－31　马里主要进出口商品

单位：10 亿非洲法郎

年　份	1995	1996	1997	1998	1999	2000	2001	2002
出口总额	221	221	328	328	350	388	531	639
其　中								
黄　金	36	40	117	133	142	189	354	412
棉　花	127	133	159	145	158	112	83	146
牲　畜	40	30	31	28	28	30	45	27
进口总额	278	282	319	339	364	422	539	498
其　中								
生产资料	119	155	109	179	188	178	200	183
石油产品	31	52	74	70	63	120	120	87
食　品	39	58	65	90	64	56	60	65

资料来源：*The Economist Intelligence Unit Limited*，2001，Mali，p. 85。*The Economist Intelligence Unit Limited*，2004，Mali，p. 50。

① *The Economist Intelligence Unit Limited*，2005，Mali，p. 21.

四　关税

马里是西非经济共同体（成立于1973年，有7个成员国）的成员国，该共同体协议规定统一的对外关税（CXT），因此，马里实际上有两种税制，一是对西非共同体成员国以外的国家征税标准，一是对共同体成员国征税标准。一般来说，马里对共同体成员国的商品有的是免除关税，有的是减半征税，对共同体成员国商品征税为其他国家的一半。

马里也是西非国家经济共同体（成立于1975年，有16个成员国）的成员国，该组织计划在共同体内部取消进口税和配额，建立自由贸易区，建立统一的对非成员国的共同关税制，已取得实质性的进展。

马里的进口关税税则，按照商品的属性分类，共21篇99章，4100多个税目。马里的关税税则规定进口税有9种，它们是：关税、进口财政税、增值税、提供服务税、共同体提成税、区域合作税、递减保护税、进口行情税及某些产品特别税。其中基本税为5种：关税、财政进口税、增值税、提供服务税和共同体提成税。

（一）关税分类

主要有一般关税、特别关税和优惠关税3种，同时还有其他一些如财政税、增值税等。一般关税税率为3种：（1）最低税率，一般商品约是到岸价的5%；（2）普通税率，大约是最低税率的3倍；（3）优惠税率。

特别关税：对某些商品征收从价税，根据到岸价格征收，包括购货价、运输费用、出口税、包装费、保险费、手续费，以及海运物资到港口所需的一切费用。某些商品，由海关部门来确定固定市场价作为征税基准，并不考虑其实际购买价，这些商品数量较少，如某些食品、水泥、石油制品、某些纺织品、旧衣服和鞋类等。

优惠关税：对来自非洲法郎地区的进口商品或免征关税，或征收最低关税。对欧共体国家根据洛美协议原则给予最惠国待遇。

财政进口税：对西非经济共同体成员国进口商品，一般征收到岸价的5%～30%。为了保护本国的民族工业发展，有的商品要征收70%。

增值税：有4种税率，一般税率为25%，低税率11.1%，高税率66.6%，最低税率近于免税。

（二）税率

综合各种税收，马里进口的一般商品的平均税率在65%左右，有的商品在80%以上，如大米82%、香皂98.1%、糖99.1%、香烟111.77%、酒类158.57%。有些商品税率较低，平均在6%左右，如化肥、农药、农用水泵、种子、拖拉机等。

马里对进口商品税率根据不同时期和情况予以调整，90年代初曾有一次大调整。1990年5月2日，马里政府颁布关于调整部分商品税率的第166号法令。对大约120种商品的税率作了不同程度的调整，其中部分商品调整后的税率分别为：绿茶27.12%，葡萄糖16.1%，烟叶、香烟71.6%，调料42.5%，药皂61.25%，焊接粉21.66%，聚乙烯16.1%，自行车轮胎48.9%，普通包装纸48.9%，人造纺织原料61.25%，合成纺织纤维织物61.25%，拖鞋、凉鞋73.75%，玻璃器皿48.95%，马口铁皮16.1%，螺栓、螺母29.21%，防风灯42.5%，干电池16.1%，等等。此次调低关税，主要目的在于减少走私的偷税漏税，增加政府财政收入。①

① 赵国忠、谈世中主编《世界各国商务指南》（中东非洲卷），中国社会科学出版社，1996，第438页。

马里的出口商品的平均税率为 20% 左右，高于发展中国家的平均税率（13% ~14%）。为了鼓励出口，马里政府从 1990 年 11 月起取消了出口关税、出口服务税、出口商情税和价格稳定税，出口商品不再征税。

马里是西非经济货币联盟成员国，与其他成员国一起协调贸易和海关政策，以建立共同市场，对外实行统一关税。从 1996 年 7 月 1 日起，马里同贝宁、科特迪瓦、塞内加尔、尼日尔、布基纳法索、多哥、几内亚比绍等 8 个成员国，内部实行未加工产品及手工业品自由流通。1997 年降低关税 30%，1999 年又降低 80%，直到 2000 年 1 月 1 日起全部取消关税并执行西非经济货币联盟统一对外关税。统一对外关税包括：共同体互助税（PCS）、关税（DD）、统计税（RS）。根据所收税额将商品分为 4 类——零类：少数基本社会财产 0%；一类：生活必需品、原材料和初级产品 5%；二类：半成品 10%；三类：最终消费品及其他 20%。[①] 2003 年马里关税收入为 1860 亿非洲法郎。

五　中马经贸关系

中国和马里自 1960 年建交后，两国经贸合作发展顺利。马里是中国在非洲重点援助国之一。从 20 世纪 60 年代末开始，中国向马里提供经济援助，帮助建设了数十个成套项目。从建交至 1996 年 5 月，中国先后向马里提供各种援助近 8 亿元人民币，帮助建立了火柴厂、卷烟厂、糖厂、纺织厂、甘蔗农场、碾米厂、茶厂、药厂和皮革厂等几十个工农业生产型项目。这些项目对于马里建立和发展本国工业和民族经济起到了重要作用。

20 世纪 90 年代以来，为适应马里的经济结构调整、经济自

① Http://ml.mofcom.gov.cn/column/ddfg.xml

由化、企业私有化的新形势，中国也进行了援外方式改革，取得了初步成效。对中国援建后又实行管理合作的塞古纺织厂、糖联、茶厂分别进行了合资和租赁经营，比较突出的是中国海外工程总公司与马方合资经营的纺织厂，合资后的第一年即取得良好业绩。

塞古两个纺织厂是中国1968年和1975年援建项目，总投资260万英镑。由于企业经营不善，长期亏损，塞古纺织厂于1993年倒闭。中国海外工程总公司同马方对“塞纺”进行合资经营，期限20年，合资公司资本20亿非洲法郎，中方占80%。经两国政府同意，“塞纺”所需的技术改造资金15亿非洲法郎在中国政府援马贷款项下无息转贷给“塞纺”。合资后的塞古纺织厂改称马里纺织股份有限公司，公司于1994年7月成立，10月正式投产。合资后的第一年（即1995年）就获得了显著成果：完成产值47.7亿非洲法郎，实现纯利润5亿非洲法郎，上缴各种税收6亿非洲法郎，成为马里第二大纳税企业，并为近900名马里职工发放工资和缴纳社会保险金7.2亿非洲法郎。自1994年中国海外工程总公司通过合资接手这个企业后，企业实力不断发展壮大，经济效益连年以20%以上的速度递增，1998年销售额达1.4亿元人民币，实现利润1600余万元人民币。固定资产总值比企业成立之初增长了4.3倍。到1999年，“马纺”的漂染线和印花布已经分别占当地市场份额的95%和70%以上。

马里“糖联”是中国在1965~1975年间援建的项目，包括2个甘蔗农场（面积4753公顷）和2个糖厂（日处理甘蔗2500吨）。1995年，经两国政府同意，“糖联”转制成合资企业，中方占股60%，马方占股40%。“糖联”现年产白糖3.2万吨，酒精180万升，年上缴税款约300万美元，实现利润约300万美元。

“贝瓦尼”农场是中国海外工程总公司在马里粮食主产区塞古地区的独资项目。根据1998年9月双方签订的协议，马方将

“贝瓦尼”地区1000公顷荒地出租给中国海外工程公司开垦兴办农场，开垦期3年，租期30年，每公顷地按不同季节收取一定的费用。租期满后，农场及其全部设施归马方所有。2002年11月25日，马里新当选的杜尔总统参观“贝瓦尼”农场，高度评价中马经贸合作。

租赁经营是中国在马里实施的又一种新的经援方式。1993年10月，中国农牧渔业国际经济技术合作公司与马方签订租赁协议，对中国1972年援建的包括100公顷茶园和设计年产100吨茶叶的锡卡索茶厂实行10年租用，租金为9800万非洲法郎。经中马两国政府同意，在中国援马贷款项下支持其租赁经营所需技术改造资金150万元人民币。茶厂租赁经营从1995年1月1日开始，当年完成销售额1.64亿非洲法郎，实现利润1820万非洲法郎。

截至2002年，中国企业在马里投资累计已达4600万美元。①

中马经贸开始于20世纪60年代初。在1987年以前，双边贸易额年均1000余万美元，中国多为顺差。1988年以后，马里实行贸易自由化，撤销了国有公司，中国主要同私营进出口商做生意。1988～1991年间，中国对马里出口平均每年336.8万美元（其中1988年只有155万美元）；从马里进口年均730万美元。1994年两国贸易总额1990万美元，其中，我国出口额为1081万美元，进口额为909万美元。1995年中马进出口总额为6143万美元，其中中国对马里出口2509万美元，从马里进口3634万美元。这年中马间贸易的迅速增加得益于中马成功的经贸合作。中国海外工程公司与马方合资经营“塞纺”之后，1995年马方就从中国进口塞纺所需的原材料（染料）、半成品

① Http：//ml. mofcom. gov. cn/article/200211/20021100054996－1. xml

（坯布）、机电产品及其他商品（原来均从欧洲进口），金额达25亿非洲法郎，折合500万美元。1995年中国有关公司从中国向马里出口的商品额达742万美元。使当年中国对马里的出口额增加到2509万美元，比上年增长132%。2003年中马贸易总额达到6359万美元，其中，中国从马里进口2839万美元，向马里出口3520万美元（见表4－32）。中国对马里出口商品主要以茶叶、纺织品、药品、化工器材为主。近年来已增加机械、电气、营建设备、农业机械等。从马里进口的商品主要是棉花和蓝湿皮。中国出口商品在马里市场占的份额很小，只有2.9%左右。

中国在马里现有3家常驻贸易公司：中国轻工业对外经济技术合作公司所属新华公司；陕西对外经济技术合作公司；四川金阳公司。中国投资开发贸易中心于1998年4月5日在马里正式开业。

表4－32　中、马近年双边贸易统计表

单位：万美元

年　份	进出口总额	出口额	进口额	差　额
1993	1155	1155	0	+1155
1994	1990	1081	909	+172
1995	6143	2509	3634	－1125
1996	2884	1522	1361	+161
1997	4137	1389	2748	－1359
1998	2925	2439	486	+1952
1999	1986	1850	136	+1714
2000	3525	3484	41	+3443
2001	2392	2290	102	+2188
2002	2335	2162	173	+1989
2003	6359	3520	2839	+681

资料来源：中国驻马里大使馆经济商务参赞处资料；中国商务部西亚非洲司网页。

中国在马里开展承包劳务业务始于1983年，先后有中国海外工程总公司、中国建筑工程总公司、中国地质工程公司、中国轻工业对外经济技术合作公司、中农对外公司、河北国际公司等在马里开展业务。从1983~1995年，中国公司在建桥、修路、打井、土木建筑、农田整治等领域同马里签署了近200个承包合同，累计合同资金2亿多美元。经过二十多年的创业，中国在马里的承包工程公司，现已发展为一支拥有200多名从业人员、300多台（套）施工机械，业务涉及建筑、道路、桥梁、地质、勘探、打井以及农村土地整治等多个领域的成熟的外经队伍，是目前在马里经贸业务中一支最重要的力量。到2000年6月底，中国公司已在马里承揽了477个项目，合同额6.1495亿美元，完成营业额6.2836亿美元，这些项目主要以房建、路桥、打井和农田整治项目为主。

表4－33　马里的中资机构一览表

机构名称	在马主要业务	联系电话或传真	负责人	国内主管单位或合作伙伴
中国投资贸易促进中心	为企业牵线搭桥，促进双边贸易、投资	223－2225412223－2229081	梁 莹	中国海外工程总公司
中国海外工程总公司马里分公司	路桥、房建、农田、打井	223－2225412223－2229081	梁 莹	中国海外工程总公司
塞古纺织厂	纱、布、印染、线等纺织品生产、贸易	223－2320078223－2320078	刘振山	中国海外工程总公司
“糖联”	糖、酒精生产、贸易	223－2342148223－2342148	李国金	中国轻工业经济技术合作公司
“中轻”代表处		223－2213084223－2215590	周萍如	中国轻工业经济技术合作公司

续表 4－33

机构名称	在马主要业务	联系电话或传真	负责人	国内主管单位或合作伙伴
中建总公司马里经理部	房建	223－2213943223－2218561	李裕斌	河南建设公司
中国地质工程集团公司	农田、土路、打井工程	223－2206016223－2206016	刘中华	中国地质工程集团公司
中水公司马里经理部	道路、打井、农田	223－2218465223－2218465	黄　芳	北京地质勘察院
成套办事处		223－2216901223－2216901	陈学义	中国成套设备总公司
鑫马公司	茶叶生产和贸易	223－2285497223－2285497	傅松波	中农对外公司
中兴公司	通信工程和设备	223－6741888	肖春发	深圳中兴公司
河北国际公司	道路、打井工程	223－2228614223－2222562	冀红军	河北国际公司

资料来源：中国驻马里大使馆经济和商务参赞处网页。

第五章

教育、科学、文艺、卫生

第一节　教育

一　概况

马里历史悠久，素有“西非文化摇篮”之称。早在14世纪的马里王国时期，许多城市就有了伊斯兰学术研究中心，其中通布图是与开罗、巴格达和大马士革齐名的国际伊斯兰学术研究中心。到16世纪的桑海帝国时期，文化教育事业又有新的发展，当时的通布图不仅是帝国的文化中心，而且也是阿拉伯世界最重要的文化教育中心之一，有古兰经学校180余所。著名的桑科尔大学吸引着非洲和阿拉伯世界乃至一些亚洲国家的青年与学者，他们到这里求学、研究《古兰经》以及法学、文学、天文和地理等。但是，独立前长期的殖民统治，使马里的文化教育事业十分落后，全国没有一所正式大学，仅有几所中、小学，而且几乎全是法国殖民者办的教会学校，殖民主义的色彩甚浓。能够接受教育的人数非常少，1957年马里适龄儿童入学率只有8%，低于塞内加尔（24%）、科特迪瓦（25%）和贝宁（28%）。全国有小学277所，学生42052人；中学10所，学生1790人；技术学校11所，学生959人。根据1960～

1961 年的调查，年龄在 10 岁以上的 230 万人中，识字的人只占 2.9%。[①]

1960 年马里独立后，政府为复兴民族教育事业，清除教育领域中的殖民主义影响，采取了一系列措施，如进行教育改革，实行九年制免费义务教育；编写适合本国国情的教学大纲；建立国立师范学校，从事师资培训和进修工作；增加教育经费等。从 20 世纪 60 年代末开始，马里实施了大规模的成人扫盲计划，该计划在乡村和城市都获得了巨大成功。[②]独立后教育事业不断发展，1970 年在校大、中、小学生近 24 万人，教师有 7479 人，学生人数比 1958 年增长 4 倍以上（见表 5－1）。

表 5－1　马里全国教师和学生数量（1970 年）

教育机构	教师(人)	学生(人)	备　注
小　学	6614	229879	
中　学	714	8444	
其　中			
技术学院	332	3386	共 9 所
师范学校	92	1551	共 7 所
大专院校	151	731	
合　计	7479	239054	

1997/1998 年度，马里各级学校的教师达到 16756 人，在校学生超过 100 万人（见表 5－2）。

① 〔苏〕拉钦科等著，《马里共和国》，商务印书馆，1981，第 125 页。

② Pascal James Imperato, Mali: *A Search for Direction*, Westview Press, 1989, p. 92.

表 5-2　马里教育概况

	学校数量(所)	教师(人)	在校学生(人)		
			男生	女生	总计
学前教育	197	675	11910	11638	23548
基础教育	2511	10853	512345	350530	862875
中等教育					
普通中学	—	4549①	111162	55260	166372
教师培训	—	77②	1052	494	1596
职业教育	—	526②	13485	6706	20191
高等教育	—	796②	11085	2762	13847
合　计		16756	661039	427390	1088429

说明：①为 1994/1995 年的数字；②为 1996/1997 年的数字；其他均为 1997/1998 年的数字。

资料来源：*Africa South of the Sahara 2002*, London, The Gresham Press, p. 624。

经过马里历届政府的努力，教育事业有了显著的发展，成人识字率由独立之初的不足 3%，至 1985 年增加到 19.2%，2000 年又提高到 41.5%；青年识字率由 1985 年的 34.9% 提高到 2000 年的 66.3%。[①] 马里独立以来虽对教育事业做了很大努力，但教育仍然相当落后，1997 年在适龄儿童中，基础教育的入学率为 49%（其中男生 58%，女生 40%）；中等教育的入学率只有 13%（男生 17%，女生 8%），许多中学毕业生到国外读大学，以到法国和塞内加尔者居多。[②] 直到 2000 年，马里基础教育的入学率只有 54%，中等教育的入学率为 13.6%，高等教育的入学率仅为 2.5%（见表 5-3）。

① 世界银行网站。

② *Africa South of the Sahara 2002*, London, p. 630.

表 5－3　马里学生入学率

单位：%

	1985	1990	1995	2000	2001
基础教育	24.5	26.5	40.5	54	57
中等教育	6.3	7.0	10.7	13.6	—
高等教育	0.9	0.6	1.0	2.5	2.5

资料来源：世界银行网站。

二　教育方针

马里的教育事业受法国教育的影响很大。独立之后，马里进行了教育改革，确立了自己的教育目标：（1）使大多数人接受较高质量的教育；（2）使马里人民的思想非殖民化；（3）使马里的教育赶上其他现代国家的水平；（4）促进马里与非洲和世界文明的交流；（5）满足国家经济发展对人才的需求。

目前，马里的教育政策建立在 5 个主要教育目标之上：组织高质量的国民教育、开发马里人的智力、提供现代化教育、确立作为非洲人和马里人的价值观念、完善面向生产和生活的教育体制。

三　教育行政管理

马里实行中央集权制，教育行政大权掌握在教育部手中，各省尽管都设有教育局，但权力不大。1973 年教育部分为基础教育、青年和体育部，以及中等教育、高等教育和科学研究部。各由一名教育秘书领导。基础教育、青年和体育部下设基础教育司，主要职能是监督和协调地方基础教育的管理；青年和体育司负责全国青年工作。中等教育、高等教育和科学研究部下设普通教育、中等教育、技术教育和职业教育司，主要职能是负责各级各类中学教育，包括私立学校的管理；教育研究和师资培训司负责教材和设备供应、教育实验和课程改革、师资培训和教育信息服务。现教育部除部长外，还有一名副部长和一名书记及若干技术顾问，下设7个司：学前教育司、基础教育司、普通中等教育司、中等职业教育司、师范教育司、高等教育和科学研究司、扫盲教育和应用语言学司。

1981年，政府为加强地方教育，特别是人烟稀少、交通闭塞的偏僻地区教育的行政管理，决定建立区域教育机构。马里的9个省各设一个教育局，负责管理本地的基础教育和中等教育。基础教育和中等教育的督导由政府委任的督学和学科督学具体分管。

四　学制

马里的教育制度基本上是沿袭法国体系，按层次和类别分为基础教育、中等教育和高等教育。

（一）基础教育①

凡7~15周岁儿童，不分性别，均实行9年义务免费教育。基础教育分为两个阶段。第一阶段学制6年，取得结业证书者，承认其学历；第二阶段学制3年，取得基础教育毕业证书（DEF）者，承认其学历。由于基础教育毕业证书（DEF）考试是一项难度大、淘汰率很高的考试，所以，升入下一阶段学习的比例不高。

（二）中等教育

普通中学和技术中学的学制均为3年，通过毕业会考，分别承认其学历；中级职业技术学校，学制4年，毕业后发给技术员证书；初级职业技术学校，学制2年，结业后发给岗位合格证书；中级师范学校和初级师范学校，学制分别为4年和2年，招

① 殖民统治时期，小学实行10年制，并分为初小和高小（前6年，后4年）两个阶段，1962年的教育改革缩短为9年（前5年，后4年）。1968年又改为初小6年，高小3年。

收初中毕业生，培养初中师资和小学师资；女子技术师范学校、国立艺术专科学校、国立艺术学校培养基础教育音乐、体育、美术、劳动技能的师资，学制均为4年。

（三）高等教育

大学学制4~6年；研究生部，包括高等教育研究中心、农业应用研究中心、未来生产及管理研究中心等，学制为3年。

除了上述3种教育外，还有成人教育和特殊教育。成人教育主要包括实用扫盲以及农村开发署组织的农业技术教育；特殊教育包括残疾人适应中心、青少年犯再教育中心及马里盲人学院。[①]

五　教育经费

马里的教育经费以政府拨款为主，2000年政府用于教育的投入为649.3亿非洲法郎，占该年度国家预算的15.6%。[②] 基础教育经费除国家财政拨款外，相当一部分由地方财政负担。学生家长负担子女的生活费及资助学校添置设备。马里的高等教育实行免费，大学生只需缴纳报名费，其余全部由政府承担。外国援助和贷款，主要用于高等教育、技术中学、职业技术培训和成人教育，包括兴建学校、提供师资、购置教学设备、学生助学金和学生用品等。大部分由世界银行、美国、法国等提供。此外，法国、俄罗斯、阿尔及利亚、中国等每年为马里提供留学生或职业培养奖学金。

六　基础教育

马里基础教育的学制为9年，基础教育课程设法语、数学、历史、地理、音乐、美术、劳作、公民教育、体

① 《非洲教育概况》，中国旅游出版社，1997，第217~221页。

② *Africa South of the Sahara 2005*, p. 718

育、物理、实习课等。马里的基础教育发展较快。在殖民统治的末期（1957 年 1 月 1 日统计），马里小学只有 270 所，学生仅 41200 人，适龄儿童入学率仅为 8%。马里独立后，大力发展基础教育，到 1964 年马里有 687 所小学，学生有 111946 名，适龄儿童入学率上升到 14%。20 世纪 80 年代，马里有大约 1558 所小学，在校学生 364382 人。[①] 1997/1998 年度，马里基础教育的学校 2511 所，在校学生 862875 人（其中男生 512345 人、女生 350530 人），教师 10853 人，[②] 适龄儿童中基础教育的入学率达到 49%（其中男生 58%、女生 40%）。

由于经济落后，学生辍学现象比较普遍，根据连续 10 年统计，能够取得小学结业证书者仅为 6 年级学生数的 47%，获得初中毕业文凭者占 9 年级学生的 40%。学龄儿童的辍学又造成了马里人口文盲率居高不下，1995 年马里成人文盲率 67.7%（男性 60.0%、女性 74.9%）。

七 中等教育

马里的中等教育学制 3 年，毕业后参加会考，合格者进入高等学校进一步深造。

马里的中等教育发展较快，1964 年有 4 所中学，1 所技术学校，1 所培养公共事业人才的技术学校，7 所初级师范学校。20 世纪 80 年代，马里有 20 所中学，在校生 13227 人。到 1996 年，马里中等和职业教育学校达到 36 所，在校学生 48475 人，教师 2225 人。

巴马科地区有中学 9 所，另有 3 所相当于中专的职业培训中心；卡伊大区、库里科罗大区、莫普提大区各有中学 2 所；锡加

---

① Pascal James Imperato, *Mali, A Search for Direction*, Westview Press, 1989, p. 93.

② *Africa South of the Sahara 2002*, London, The Gresham Press, p. 624.

索大区、塞古大区各有中学3所；通布图大区、加奥大区各有1所中学。中学教师总人数1400多名，其中包括来自俄罗斯、法国、美国、中国的外籍教师。

马里普通中学从10年级起实行编班学习。1989~1990年，全国高二、高三在校生分别为4303名和2314名。其中高二科学班474人、生物班2024人、人文科学班1042人、语言文学班474人。

中等教育的课程设法国文学、法国语言学、第一外语（英语）、第二外语（德、俄、阿拉伯）史地、哲学、数学、理化、自然科学（生物）、选修课（音、美、劳作）、公民道德教育和体育。

高中毕业生通过会考，科学班的学生大部分能升入高等学校。文科和生物班学生升学率仅占30%左右。①

马里中等学校的入学率不高，1997年中等教育的入学率只有13%（男生17%、女生8%），许多中学毕业生到国外读大学。

八　高等教育

90年代中期，马里有8所高等学校。其中艺术学院1所，属文化部领导。其余7所高校，由教育部直接管辖。

师范学院：创建于1961年，设法国文学、英语、德语、俄语、哲学、教育学、史地、数学、理化、生物等10个系。学制4年，主要培养中等学校师资和初级中学校长。

行政学院：设行政、经济、法律3个系，学制4年。教师大部分为法国人。

工程师学院：前身为巴马科高等技术学校，创建于1939年。下设应用电机系，有电力和机械专业；土木工程系，有公共工程和水利专业；地形学系，有摄影测量、地形测量和大地测量学以

① 《非洲教育概况》，中国旅游出版社，1997，第217~221页。

及天文学专业；地质学系，有水文地质学、矿山地质学专业。学制均为4年。80%的教师为外籍教师。

国立医药学院：设医学、药剂和卫生等3个系。学制6年。

卡地布古综合农学院：设农业、畜牧、水利和森林、农村管理4个系，学制分别为2年和4年，培养中、高级农林牧和农业管理方面的干部，有学生1862名。

高等应用研究学院：设3个系。

国立邮电学院：设2个系。

马里大学：是一所综合性大学。它的前身是创建于1961年的高等师范学院。1996年9月，以高等师范学院为基础，同时包容了其他6所大专院校的部分系和学科成立了综合性的马里大学，它包括3个学院：理学院、工程技术学院和人文、管理与语言学院，有学生2202名，其中男生占87.2%、女生占12.8%；在职进修生占10.1%，外国留学生占1.6%，一次留级生占18.9%，二次留级生占16.4%。①

马里高等学校最后一年均安排实习，毕业后授予学士学位。经过3年研究生学习（主要由附属于师范学院的高等教育研究中心、附属于工程师学院的未来生产和管理中心以及附属于农学院的农村应用开发研究中心承担培养）可获得硕士学位。此后，可再攻读国家博士学位。

马里大学分为专科、本科和研究生3个层次。其中文科、法律、科技3个系实行分段教学，第一阶段是基础课，2年，不分专业，授予“大学普通学习文凭”（DEUG）；第二阶段是专业化学习，2年，第一年授予学士学位，第二年即本科毕业，但授予的学位称“硕士”。医学专业需要6年，继续学习2年专业课程以后，授予“医学博士”学位。

---

① 王华、张俐：《从马里大学看马里的高教》，《西亚非洲》2001年第3期。

由于马里政府目前仍沿用给大学生较高的助学金制度，加上毕业后失业的可能性极大，使许多学生情愿留级，以拖延毕业时间。加之中小学生入学年龄普遍偏大，而使大学生的年龄平均在30岁左右，而且一半左右的学生已成家，有的还有子女。由于马里长期沿用法国教育体制，所以要求大学授课教师具有博士学位，不具备博士学位的教师终身只能当讲师、助教或实验员。

马里没有高考，学生通过高中毕业会考即有资格入大学，但医学专业需要单独考试，各高校在招生时有较大的自主权。纳入高中会考的科目有科学、法国文学、哲学、历史、地理、数学、物理、化学、生物、第一外语（英语）、第二外语（俄语、德语、汉语、阿拉伯语、西班牙语）、体育。

马里的高等教育实行免费，大学生只需缴纳报名费，其余全部由政府承担。在马里，只有3%的高等教育学龄人口能进入高校学习，高等教育发展还处于精英阶段。1999/2000学年，马里在校大学生19881名（见表5-4），其中女生占19%。

表5-4　马里各大学入学人数

学科类别	1996/1997	1997/1998	1998/1999	1999/2000
医　学	1719	2386	2927	3329
文　科	994	2064	3918	5697
科学技术	636	1354	1900	2004
经济法	3147	4307	6595	6607
师范类	1554	1161	728	264
工　程	981	900	736	664
研究生院	41	54	66	80
大学学院	891	869	912	796
农业大学	811	719	900	440
总　计	10774	13814	18682	19881

资料来源：马里教育部统计资料，2001年，巴马科。

九　教育国际交流

马里对外教育交流频繁。独立之初，马里青年主要留学社会主义国家，特别是苏联、波兰、罗马尼亚、保加利亚和南斯拉夫等国家。一小部分人在法国和美国学习。到东欧国家的大学留学较容易，因为东道国提供包括路费、学费和生活费在内的资助。直到 20 世纪 90 年代初，这种局面仍然没有改变。1990/1991 年度向国外公派留学生 2768 人，其中留学人数最多的地区是：莫斯科 1375 人、达喀尔 300 人、阿尔及尔 281 人、北京 105 人。攻读博士学位的有 372 人，攻读硕士学位的有 609 人。同年，马里国内高等学校共收外国留学生 390 名。1996 年，马里向国外公派留学生数增加到 1674 人。[1] 近年来，接收外国留学生的人数也有较大的增长，据 2002 年统计，仅马里大学就招收来自 19 个说法语国家的 853 名留学生。

第二节　科学研究机构[2]

一　人文科学研究机构

马里的科学研究开始于殖民统治时期。二次大战前，法国热带农业研究所和热带医学研究所的分所是马里第一批科研机构。1944 年又创立了法国黑非洲研究所分所，从事非洲历史、地理、社会、语言等方面的研究。所内附设有资料室、图书馆、植物园和动物园。

1962 年，法国黑非洲研究所分所改组为马里人文科学研究

① 根据马里国家统计和信息局公布的资料整理。

② 〔苏〕拉钦科等著：《马里共和国》，商务印书馆，1981，第 128～129 页。

所，归青年、体育、艺术和文化部领导。人文科学研究所设有考古、历史、民族、经济、语言和宗教等研究室，出版《马里研究》杂志。1967 年建立了全国最高科学技术研究委员会。

二　自然科学研究机构

马里除人文科学研究所外，还在巴马科设立了全国艺术研究所，通布图有研究阿拉伯文献的艾哈迈德·巴巴研究所。从事地质学方面研究的有全国矿产资源勘探和开发公司文献处。从事医学研究的有殖民统治时期遗留下来的法国研究所分支机构——热带眼科（砂眼）研究所、马尔舒研究所（研究和治疗麻风病）、植物疗法和传统医学研究所（建于 1968 年）以及研究马里常见病（寄生虫、细菌性和病毒性等热带疾病）的人体生物研究所（建于 1972 年）。从事农业研究的有 1968 年成立的马里农业研究所以及殖民统治时期遗留下来的法国各研究所在马里的分支机构，如棉花和外来纤维作物研究所、热带农业研究所、法国海外园艺研究所等。

法国各研究所的分支机构都设有试验站：棉花和外来纤维作物研究所在姆佩索巴（库佳拉附近）设有灌溉棉花试验站、科戈尼有旱地棉花试验站；热带农业研究所在伊贝特米（莫普提附近）设有水稻试验站，多萨曼科（巴马科）有普通农业研究试验站；法国海外园艺研究所在季科罗尼（巴马科）有水果、蔬菜栽培试验站。

第三节　文学

马里文学既包括当地语言的口头文学，也包括书面文学。

口头文学的形式是丰富多彩的，既有神话传说、民间故事，又有历史故事，最具有代表性的是曼丁哥人关于马里帝国的创立者松迪亚塔的长篇史诗。松迪亚塔是其父亲第九房妻室所生，因母亲不得宠，幼年经历了曲折而痛苦的道路。成年之后，又遭到邪恶势力的迫害，被迫逃亡。他克服了重重困难，战胜了入侵曼丁哥王国的苏苏国王，胜利地返回故乡。松迪亚塔迁都尼阿尼，开创了马里帝国，人民从此安居乐业，帝国延续了二百余年。

黑非洲浩如烟海的文学遗产，几乎全是口头文学，在民间流传下来。这种口头文学，不但通过一般群众，而且还通过职业艺人代代相传。那些专门从事演唱、保存和传授口头文学的人在西非地区称为“格里奥特”。

独立后，马里学者和作家阿马杜·阿姆帕捷·巴和阿利法·易卜拉欣·索对马里的口头文学加强了研究，并翻译成法文。

书面文学以用阿拉伯语及法语所写的文学作品为代表。阿拉伯文学是在通布图一带的伊斯兰教中心发展起来的，到18世纪，以阿拉伯字母和伊斯兰教规为基础发展起来的马里各族的书面文学发展到全盛期。

用法语创作的马里文学作品，诞生于20世纪40年代，50年代又进一步发展。最著名的代表人物是生于1924年的诗人马马杜·戈洛戈（Mamadou Gologo），他出版有《从酒中逃脱》、《火山——我的心脏》、《非洲风暴》等诗集。马里著名作家莫迪博·苏卡卢·凯塔曾获巴黎法语作家协会颁发的法语作家大奖，其代表作为《巴萨里的弓箭手》。

马林凯·格里奥特（口头历史学家）的后裔吉布里尔·塔姆希尔·尼亚奈（生于1920年）整理出版的马林凯史诗《松迪亚塔》（1960，英文版出版于1965年），叙述了马里帝国的开创者松迪亚塔光荣的一生。马萨·马康·季亚巴特（生于1936年）把松迪亚塔的传奇重写为《卡拉·加塔》（1965）。季亚巴特既发挥他作为诗人与人类学家的天才，又在法语正文里不时地使用马林凯语言的词语和表达方式，企图取得马林凯诗歌的节奏效果。塞杜·库雅泰·巴迪安（生于1928年）的长篇小说《暴风雨下》（1963）考察了变化不定的社会中所出现的两代人的冲突。一对情人决定结婚就是对他们的父母的挑战，他们把整个村子卷进了这场冲突。巴迪安的创作也转向非洲历史，从中汲取灵感。他写的剧本《恰卡之死》（1962）标志着马里戏剧的诞生。《恰卡之死》是历史题材，恰卡是19世纪初祖鲁人的领袖，他通过征战把祖鲁各部联合成一个强大的祖鲁王国。剧本所要表现的基本冲突是在恰卡与他的将领之间展开的，一方面是英雄对祖国的热爱，对人民幸福的关怀，另一方面是将领们的自私、贪婪、胆怯、奸诈，置人民的利益于不顾，并阴险地杀害了他们的统帅。因此，剧本中的人物都是美德或恶行的化身。该剧本的主题思想是非洲各国人民必须在强有力的国家政权领导下团结起来。扬博·乌奥洛戈姆（Yambo Quologuem，生于1940年）发表了一部重要而又有争议的长篇小说《暴力的责任》（*Le devoir de violence*，1968，英文版1971）。他在小说中虚构了一个马凯姆非洲人王国，由塞伊夫王朝残暴的专制君主统治着。乌奥洛戈姆提出这样的论点：早在殖民大国争夺非洲大陆以前，暴力与奴隶制度已经存在很长时间。这部小说当时被誉为代表了独特的非洲写作风格，1968年获得法国瑞南多文学奖（Prix Renaudoc），这是第一部获此殊荣的非洲长篇小说。此外，他还把传说同现实主义结合在一起，把非洲的、阿拉伯的表达方式同法语结合在一起。①

费利·达勃·西索科的《红色的热带草原》（1962）是一部自传体的中篇小说，在书中回忆儿时的嬉戏游乐和在圣—路易

① 参见伦纳德·S. 克莱因主编，李永彩译：《20世纪非洲文学》，北京语言学院出版社，1991，第137～138页。

(塞内加尔) 师范学校学习的生活。毕业考试的失败使得他很郁闷。但是，后来主人公获得见习教师的文凭并被派到瓦加都古(上沃尔特) 地方学校任教。他就职之前先回到家乡——巴福拉贝区农村。作者描写巴福拉贝和莫普提的饥荒和疾病，以及马里人民——富尔贝人、豪萨人、桑海人、多贡人等民族的外貌、性格特点及其内心活动。书中多处提到这一地区的往事和反抗殖民主义者的重要堡垒之一的通布图。作者对于 1916 年图阿雷格人起义被残酷镇压的叙述，使作品具有很强的感染力。西索科称热带草原为红色，除地理含义之外还有象征意义，它是指热带草原被反对法国殖民统治的图阿雷格人起义者的鲜血染红了。

加乌苏·迪阿瓦拉（Gaoussou Diawara）1940 年生于马里德日图穆地区农村。曾留学苏联，回国后在马里高等师范学院和国家艺术学院等校任教。1973 年他发表戏剧名作《牡羊的黎明》，在法国国际电台组织的“非洲剧作比赛”中获奖。迪阿瓦拉也是一位多产的小说家，1982 年出版的《马里短篇小说集》取材广泛，有的歌颂民族英雄；有的描写劳动和丰收的喜悦；有的赞美青年男女美好纯真的爱情；有的鞭挞邪恶和愚昧。他的作品突出点是强烈的人民性和浓郁的乡土气息。他是马里作家协会秘书长，也是法国剧作家协会会员。①

在诗歌创作方面，著名的代表人物有马马杜·戈洛戈。他出版了好几本诗集，如《火山——我的心脏》(1961)、《从酒中脱逃》(1963)、《非洲风暴》（1966)。这些都是战斗的诗篇，作者用它来鼓舞非洲人民摆脱殖民统治、争取民族的独立。在长诗《非洲风暴》中，戈洛戈慷慨激昂地提出“斗争就是我的上帝”。他在诗篇中多次谈到黑人主义是他处世态度的基础，他同时强

① 参见〔马里〕加乌苏·迪阿瓦拉著，宋万国、周长志译：《马里短篇小说集》，世界知识出版社，1984。

调，他所说的黑人主义绝不是种族上的隔绝和自感特殊，而是非洲各族人民为了劳动人民的权利、公正平等、民族统一和所有人的幸福而奋起斗争的精神。作者把非洲各族人民对自由和幸福的渴望比喻为风起云涌般蓦然而起的强大风暴，并且确信这是不可战胜的。

加乌苏·迪阿瓦拉是马里另一位著名诗人。他出版了《马里的诞生》（1965）和《黑色的星星》（1966）两部诗集。迪阿瓦拉的诗篇有着深刻的人民性并渗透着国际主义的热情。迪阿瓦拉同时还是一位很有才能的抒情诗人，在《晚霞的回声》、《热带之夜》和《在月光下的舞蹈》等诗篇中，作者极其亲切地回忆了故乡的事物和人民的传统生活。在《海洋之歌》一诗中表达了作者的理想，他把海洋波涛比作永恒的牢不可破的精神财富——爱情、自由、正义和荣誉，把沉没的军舰比作殖民主义者及仇恨、背信弃义、暴力和空虚的象征。

加乌苏·迪阿瓦拉不仅是一位诗人，而且也是剧作家。他的剧本《羊群上方的曙光》1975年在巴黎出版，他笔下的“羊群”，是非洲人民群众的化身，而严酷、阴险、丑恶的主人“巴佐佐”，则是外国殖民主义者的化身。作者颂扬了人民群众反抗压迫者毫不妥协的坚定决心，并且相信他们的前途是光明的。

马里民间故事是人民大众生活的记录，它是对艰辛历程的记忆，对美好未来的憧憬，形成一幅幅有血有肉的独具风格的生动图画。马里的现代作家没有一个不是汲取了民间文学的营养而成长起来的。独立之后，马里成立了国家艺术团，艺术团成员从民间挑选，平时，还把一定数量的成员派到各地去，收集民间舞蹈、音乐和民歌。艺术团从民间汲取营养，经过艺术加工后再推向社会，从而丰富了人民的文化生活。博卡尔·恩迪亚耶整理的《马里夜话》；伊萨·特拉奥雷整理的《民间故事》，就是马里丰富多彩的民间故事的代表。①

马里的儿童文学作品也颇引人注意。1967 年在巴马科出版的马萨·马康·迪阿巴特的《当火焰熄灭的时候》一书即是儿童文学作品的代表。内容包括为儿童整理的传说、神话和童话。选择的人物都具备一切传统的美德：对亲人和朋友忠贞不渝、舍己好客、崇尚武士、宁死不屈、热爱祖国、立志为人民增光和建立功勋。

第四节　艺术

一　造型艺术

马里的造型艺术在热带非洲占有重要的地位。岩画是马里境内最古老的艺术形式，大部分岩画位于东北部的伊福拉斯高原地区。分散在 50 多个地方的岩画分别属于撒哈拉岩画的各个不同时期，最古老的是公元前 3500 年前后的家畜岩画。稍后，有大型马车的画像。岩画的最后时期是骆驼时期，时间在公元初年。这些岩画真实而系统地反映了撒哈拉地区气候的变迁。还有部分岩画分布在邦贾加拉地区，在当地青年举行成年礼仪式地方的岩石上，用白、黑、红三色画的各种符号和素描图以及在部落圣地和住房墙壁上画的象征性壁画，都属于此类造型艺术。

多贡族和班巴拉族的造型艺术，都是热带非洲著名的艺术珍品。多贡人制作的面具，极具原始、粗犷之美，引人入胜，备受世人推崇。多贡人保留下来的最古老的雕塑主要是姿态各异的人

① 〔马里〕博卡尔·恩迪亚耶、伊萨·特拉奥雷整理，宋万国、周长志译：《马里民间故事选》，世界知识出版社，1985。

物像，以高举着双手、前胸隆起、胡须突出的雕像最富有特色。多贡人较晚期的作品形态拘谨、沉着。静态的居多，严格遵守正面和对称原则。在多贡人的假面具中，以“黑猿猴”和具有各种动物（如水牛、羚羊等）特征的面孔的假面具最有代表性。

班巴拉人的造型艺术也很优美。骨架严整、结构对称的木制圆形小雕像是其艺术代表。重视对头部的雕刻，头发通常用小刻纹表示，面容刻画得很细腻，而身躯则以简单的圆柱来表示。班巴拉人很少给雕像上色，但常用金属镶嵌，并以鲜明的图案和串珠等加以装饰。班巴拉人也有假面具，假面具或者把人和动物的特征进行各种各样的组合，或者模仿动物的形象。模仿羚羊各种形象的假面具最为流行。

马里的造型艺术影响到日常生活用品之中。从板凳、床头到门锁，每一件日常生活用品，都在某种程度上加以美化。编织物、皮革制品、布匹等，往往装饰着象征意义的花纹。

二 电影

1960 年 9 月 22 日，苏丹联盟大会党决定马里在经济上实行“非资本主义”发展道路的同时，采取“社会主义”的文化体制，高度重视电影的舆论宣传功能。随后，成立了马里国营电影公司，它的任务是拍摄新闻片及文献纪录片，目的是让人民了解党和政府的活动，提高公民的政治和爱国主义觉悟，并向外国宣传马里的传统文化和社会进步。[①] 1969 年马里摄制了第一部国产短片《巴姆博》。不久拍摄了《蒂耶曼的归来》和《五天的生活》两部中型影片，1972 年又摄制了一部大型影片《马里——文明社会的十字路口》。史莱曼纳·西塞（Souleymane Cisse）是马里最著名的电影制作人，他于 20 世纪

① 〔德〕恩诺·博伊歇尔特：《马里》，上海人民出版社，1976，第 151 页。

60 年代在苏联学习电影制作，回国后拍摄了几部备受关注的电影，包括《邓姆苏》（*Den Muso*，1975）、《巴拉》（*Baara*，1978）、《风》（*Finye*，1982）和《依伦》（*Yeelen*，1987）。[①] 他拍摄的电影《风》和《依伦》于 1982 年和 1987 年分别在戛纳电影节上获奖，并在法国上映。

三　音乐舞蹈

马里的音乐源远流长，在中世纪达到极盛时期。今天的民间音乐仍保留着古老的传统。马里的民族乐器种类繁多，其中鼓是乐器中的灵魂。鼓的形状不同，大小不一，演奏方法也各不相同。有的鼓用手弹奏，有的鼓则用槌敲奏。还有的鼓在表演时夹在腋下演奏。鼓手可以通过丰富的表现手法让鼓发出各种声响和舞蹈节奏声。马里鼓的艺术感染力非常强，鼓手用手敲打，时徐时速，激昂时气势如雷，大有万马千军、摧枯拉朽之势，使人听了为之振奋。巴拉风（木琴）是由长短不一的一种十分坚硬的红木条组成的，每根木条下面还悬着一个大小不一的葫芦作为共鸣器，演奏时用木棒敲击木条，时而婉转缠绵，时而雄壮昂扬。考拉是一种 21 根弦的弹拨乐器，发出的声音柔和而深沉。另外，还有 3 根弦的“巴龙”，像小提琴的“苏古”，像笛子的“当”等。马里在1959 年和1969 年分别创建了一个舞蹈团、一个国家剧团。它们都在世界各地演出过并获得了很多荣誉和奖励。国家舞蹈团尽管表演了许多现代舞蹈，但借助道具也演出了许多传统舞蹈。1962 年成立国家艺术团，该团曾获得巴黎国家剧院艺术奖，1969 年又荣获在阿尔及尔举行的第一届泛非联欢节金质奖章。马里国立民间创作团曾多次在非洲举办的各

---

① Pascal James Imperato, *Mali*, *A Search for Direction*, Westview Press, 1989, p. 100.

种艺术节上获奖。为普及和提高文化艺术，发掘艺术精华和文艺人才，马里每两年要举办一次“全国文化、艺术比哪节”。另外，还创立了国家艺术学院，培养艺术家、音乐家和演员。

马里丰富的音乐遗产是通过吟游诗人代代流传下来的，这些人也是口头历史学家和赞美诗人。通过弹奏吉他和考拉，许多传统的吟游诗人在马里国内外获得了普遍的认可。他们中有诗琴音乐家西蒂基·迪亚巴特（Sidiki Diabate）、巴特鲁·塞可·科亚特（Batrou Sekou Kouyate）和盲人吉他手巴苏马纳·西苏科（Bassoumana Cissoko）。西苏科死于1988年，享年97岁。西苏科的歌作为“马里之声”电台的标志性曲调被使用许多年，并且记录了像1968年政变这样一些重大的事件。

20世纪60年代早期，大多数乐器演奏者是国家乐器合奏组的成员。这个团体1966年在阿尔及尔赢得了“泛非文化节”的金牌。虽然最重要的说唱歌手和乐器演奏者在1968年政变后加入了国家合奏组，但他们被赋予相当大的演奏的自由。因为大多数传统的乐器演奏者也是吟游诗人，他们作为赞美诗人服务于政治领导人。比如嘎兰科·马姆·西拉（Garanke Mamou Sylla），他把凯塔总统和特拉奥雷总统的演讲译成他游历乡间的当地语言。

1970年马里信息部与联邦德国的唱片公司合作，以唱片的形式出版了第一部马里音乐集，这部专集包括6张唱片。大多数马里重要的音乐艺术家都被囊括在这个系列集里，包括最重要的诗琴音乐家西蒂基·迪亚巴特、巴特鲁·塞可·科亚特和杰里马蒂·西苏科（Djelimadi Sissoko）。当时最重要的说唱歌手凡塔·达姆巴（Fanta Damba）、南特奈迪·凯米苏科（Nantenedie Kamissoko）、旺德·科雅特（Wande Kouyate）、摩根塔夫·萨科（Mogontafe Sacko）、塔塔·科亚特（Tata Kouyate）以及最主要的木琴演奏家布拉希玛·科雅特（Brahima Kouyate）、鲁提圭·迪亚巴特（Loutigui Diabate）和吉他手骚勒·迪亚巴特（Solo

Diabate）在这部音乐集里都有体现。1971 年，信息部与联邦德国唱片公司合作发行了吉他手巴苏马纳·西苏科的两张唱片，即“老狮子 1”（The Old Lion Ⅰ）和“老狮子 2”（The Old Lion Ⅱ）。这些唱片的发行对保护马里传统音乐作出了贡献。

传统音乐家长期以来在欧洲、美国和亚洲的巡回演出都获得了成功。他们的曲调和歌词对外国听众依然具有很大的吸引力，如小提琴手库萨曼·萨科（Qusmane Sako）和他的说唱歌手妻子伊阿凯拉（Yiakare），1986 年的欧洲之行十分成功。更年轻的音乐家使用电子琴演奏传统的节拍和曲调，这些人包括詹尼·迪亚巴特（Zani Diabate）和苏珀·德加塔（Super Djata），二者均去过欧洲好几次并发行了流行唱片。所有这些艺术家都非常受欢迎，在非洲、欧洲和美国有大量的歌迷。

马里最受欢迎的说唱歌手是萨利夫·凯塔（Salif Keita），他那令人入迷的嗓音和使人感伤的演唱风格使他成为非洲和欧洲的音乐巨星。他已在欧洲发行了许多专辑唱片和磁带，包括 Mandjou（1979）、Wale 和 Primprin（1981）、Djougouya（1982）、Tounkan（1983）和 Sara（1988）。凯塔不是吟游诗人的后代，他在音乐上的成功显示了对马里传统的一个重大突破，因为传统上只有吟游诗人才能成为歌唱家。凯塔的乐队用合成乐器和电子琴取代了诗琴和木琴。他的歌词包含有关马里社会问题的逸闻。1988 年春天，凯塔于纽约国际艺术节期间举行了他在美国的首场演出。①

马里人民能歌善舞。在哑剧舞蹈中，表现了动物、自然现象、人的劳动、战争和狩猎，有的还讽刺人们的恶习。多贡人的假面化装舞蹈历史悠久，并且具有丰富的表现形式。国家定期组

---

① Pascal James Imperato, *Mali, A Search for Direction*, Westview Press, 1989, pp. 97 ~ 98.

织各地的艺术团体参加汇演和比赛，在此基础上将优秀的音乐家和舞蹈家组成马里歌舞团。

“贡巴”是著名的马里舞蹈。它的舞姿繁复多变，粗犷有力，其政治意义也很深长，在马里舞蹈中很有代表性。这是一个有反殖民主义色彩的舞蹈，其中包括“警惕”、“斗争”、“越过困难”、“取得独立自由后的欢乐”等章节。这个演员表演时下蹲和腾跃的动作很多，而且很长。①

四 比哪节

比哪节是马里全国规模最大、场面最隆重的民间节日。它的全称是“马里全国文化、艺术与体育比哪节”。它的前身是“全国青年文化周”，那是马里在获得独立后，为了消除殖民主义的文化影响，继承和发扬民族文化传统而兴起的民族歌舞节。原为一年一度，从1972年起，每两年的7月上旬举办一次，历时一周。活动的内容也变得更加丰富，参加者从青年发展到老年、少年，成为马里全国性文化、体育、歌舞盛会。节日期间，马里全国著名的戏剧家、舞蹈家、歌唱家、演奏家以及优秀运动员从各地汇集到首都巴马科，各展风采。除了传统的文艺表演外，还要举行民间体育竞赛，如摔跤、射箭、拳击、赛马等活动。每届比哪节都有许多优秀的音乐、歌舞和戏剧新作同广大观众见面，也有大量的文艺新秀脱颖而出。

在比哪节的歌舞活动中，“贡巴”舞可称得上是一个流传已久、深受马里人民喜爱的传统节目。在达姆达姆的鼓乐声中，一位包头、染足的姑娘引吭高歌，领舞的小伙子手持带响声的道具起舞，别的男子紧随其后。舞蹈表现了男子成年时被送进森林里施行传统的“割礼”并经过3个月严格训练，返回村子时受到

① 王玉章：《忆马里艺术大师萨科》，《瞭望》1996年第18期。

乡亲们热烈欢迎的热闹场面。

比哪节期间除了令人陶醉的舞蹈，还有精彩的独奏、协奏、独唱、合唱和交响乐等节目。

今天的比哪节已经成为马里人民继承民族文化传统、振奋民族精神、丰富群众文化生活的重要节日。

第五节 体育

马里的体育事业也比较发达，全国有足球、篮球、手球、拳击、田径、柔道和游泳等十余个体育协会。足球是最受欢迎的体育运动，即使在最边远的地区也很盛行。中国援建的巴马科体育场能容纳 2.5 万名观众，重要的足球比赛经常爆满。萨利夫·凯塔（Salif Keita）是世界著名的足球运动员。马里的足球队曾在全非运动会和非洲冠军争夺赛中获得亚军。拳击运动也有一定水平，马里人松加洛·鲍加耶沃曾荣获过非洲冠军称号。其他体育运动像篮球、手球、游泳、柔道和自行车赛也受欢迎。

第六节 医药卫生

一 疾病状况

马里流行比较普遍的疾病有疟疾、黄热病、昏睡病、流行性脑炎、痢疾、血吸虫病等。

疟疾与黄热病 疟疾由疟蚊传染，在雨季流行极为普遍，苏丹带和撒赫勒带平均每年有 5 个月的流行期。黄热病是撒哈拉沙漠以南西非地区流行的一种疾病，由某种蚊子携带的病毒所传染，当地人对这种疾病的抵抗力较强，外来人患病时，往往病情较重。

昏睡病（亦称睡眠病、锥体虫病） 此病广泛流行于西非地区，由锥体虫病原体通过萃萃蝇叮咬寄主（包括人体和牛、马等大牲畜）传播感染。萃萃蝇一般滋生于北纬12°以南荫蔽潮湿的环境中，马里的尼日尔河沿岸低洼地区萃萃蝇活动最为猖獗，昏睡病流行较广。

血吸虫病 血吸虫病主要分布于巴马科、库利科罗、塞古、锡卡索、莫普提、加伊等地的低洼积水地区，由钉螺传播感染。

流行性脑炎和麻风病 流行性脑炎在苏丹气候带（北纬12°~14°地区）的旱季比较流行，麻风病主要流行于南部地区。

艾滋病 艾滋病是20世纪80年代初被发现的一种疾病。HIV阳性携带者在城市卖淫者和性活跃的年轻人当中比例最高，农村中的这一比例较低。[1] 为了控制HIV呈阳性的比率，马里卫生部制定了一项定期检查计划。1988年12月，马里请求世界卫生组织帮助评估和重组它的艾滋病预防计划，这一计划已实行了许多年。这一计划包括增加公共卫生教育，对所有卫生保健机构全部的注射设备进行仔细消毒，以及对献血者进行HIV阳性检测。位于巴马科的中央生物实验室现在已经具有对HIV进行例行检测的技术能力。由于政府防范得力，艾滋病在马里得到比较有效的控制，感染者人数较少。2003年马里成人艾滋病感染者12万人，流行率为1.9%。[2]

二 医疗卫生机构

公共卫生机构最先主要是由法国军人医生在19世纪80年代建立的。随着殖民政府的扩大，这些医生也向当

① Pascal James Imperato, *Mali, A Search for Direction*, Westview Press, 1989, p. 101.

② *The Economist Intelligence Limited*, 2004, Mali, p. 14.

地人提供服务。1939 年法属西非有了 1 个流动的医疗机构。直到独立前夕的 1956 年，马里在巴马科有 1 所医院、2 个门诊部、198 个医疗站以及一些助产站，同年接待的病人为 1951970 名。此外，还有 3 个麻风病医疗站，几个流动注射站和数目不详的自由开业或军事驻地开业的欧洲和非洲医生。1962 年马里有 8 所医院，首都有 2 所，其他 6 所在行政区首府，共有 1387 张病床。其他 31 个医疗中心拥有 749 张病床。共有 110 名医生，即每 4 万人平均 1 名医生。大部分医生都集中在巴马科的医院里。1972 年全国共有综合性医院 10 所（包括国家医院 2 所、较大医院 6 所、附属医院 2 所），省医疗中心 42 所，产院 56 所，农村医疗站 294 所。全国共有医生 136 名，药剂师 112 名，助产士 120 名，护士 1427 名。综合性医院主要分布在首都和各大区的首府。每个省有 1 个卫生中心（有几十张内、外科病床）、1 个产院和 1 个妇幼保健站。县一级的地方只设 1 个诊所。1986 年全国有 14 所医院及一些卫生中心和医疗所，拥有病床 4800 多张，医护人员增加到 3300 多人。①

1987 年，马里总共有 345 所各种类型的卫生机构，其中有 3543 名医务人员。超过一半的医务人员以及药品和设备在首都巴马科，为占总人口 8% 的人服务。卫生部的预算仅为国家预算的 8%，并且在 1980 年下跌到 4.8%。然而多数医疗机构是政府开办的，并且大多数医务人员是政府雇员。一般而言，这些机构缺少资金，设备受到损坏，并且在通常情况下缺乏基本药品。

目前，全国有 13 所医院、1 个口腔科治疗中心、48 个省级保健站、264 个县级诊所，还有若干产院和妇幼保健站。1998 年，马里每千人拥有 0.24 张病床，② 平均每 1 万人拥有 1 名医

① 《世界知识年鉴》（1990/1991），第 344 页。

② *Africa South of the Sahara 2005*, p. 707.

生。1999 年，能在 5 公里内得到卫生服务的人占全国人口的 36%。2000 年，只有 8% 的人能享受现代医疗服务；儿童死亡率为 117‰；人均寿命 50 岁；全国 2.03% 的成年人受艾滋病感染。[①]

三　传统医疗

传统医学是非洲传统文化的一部分，它在种种荒诞的表象下包含着某些合理成分，对于缺乏现代医疗条件的大多数非洲人来说是不可或缺的。

传统医学基本上认为是自然原因或超自然原因如神、鬼、魔力和魔法导致了疾病。是否采用传统医疗很大程度上取决于人们受教育的程度与病人的经济状况。在城镇，那里集中着具有较高水平教育的人，利用传统行医者的人就比乡村少。此外，城市里医疗资源集中而且能够充分提供现代药品，城市居民一般不依赖传统医学。而在乡村，经常连一个小诊所都没有，一些最基本的如阿司匹林和抗疟疾药品都不具备，村民只得求助于传统医疗。

四　中国医疗队

中国援助马里医疗队由浙江省卫生部门自 1968 年 2 月开始派遣。70 年代中期，中国在马里工作的医务人员有 41 名，包括内科、外科、妇科、五官科、针灸、放射、化验、麻醉、药剂师等专业人员，分布在塞古大区马尔卡拉医院、锡卡索大区医院、巴马科大区医院。70 年代，中国医疗队每年药品消耗量为：片剂 900 万片、抗菌素粉针剂 10 万瓶、水针剂 10 万支、葡萄糖输液 6000 瓶。直到今天，仍然有 30 余名中国医疗队成员为马里人民提供医疗服务。

---

① 中华人民共和国外交部网站，国家概况 · 马里。

第七节 新闻出版

一 报纸与刊物

独立之初，非洲民主联盟在巴马科创立了自己的报纸《觉醒》，1951 年改为《黑非洲》。

独立之初，马里有一份本土报纸《法属苏丹》（*Le Soudan Francais*）。后被《跃进报》（*L' Essor*）取代，不久成为苏丹联盟—非洲民主联盟（US-RDA）的机关报。从 1979 年开始成为马里人民民主联盟（UDRM）的官方报纸。《跃进报》开始时保持 2000 份的中等发行量，80 年代末达到 4000 份。这份报纸主要报道当地新闻，包括政治事件以及国际新闻、专题报道和体育。《基巴鲁》（*Kibaru*）是一份日报，有 5000 份的发行量，它用班巴拉语和其他 3 种语言出版。其他日报包括《巴拉克拉》（*Barakela*）以及《桑贾塔》（*Sunjata*），均有 3000 份发行量，内容涉及社会、经济和政治事件。定期出版的杂志包括《报道者》（*L' Informateur*），由信息和通信部出版的每月述评；《马里研究》（*Etudes Malinnes*），由人文科学研究所出版的文化季刊。其他出版物包括《珀迪姆》（*Podium*），是一份关于文化和体育的周报；《马里共和国官方公报》（*Journal Official de la Republique du Mili*），是一份包括政府通告、法规和法律的出版物。

1992 年的马里宪法保障出版自由。截至 2000 年，马里有 6 份日报，周刊和双周刊、双月刊和半年刊共 18 份。[1] 全国发行报刊主要有：《发展报》，综合性官方日报，发行量约 1 万份；

① *Africa South of the Sahara 2002*, London, p. 626.

《回声报》，非洲团结正义党的周刊，发行量3000份；《震旦报》，发行量2000份；《共和国人》，发行量2000份；《小贝壳》月刊和《妇女》杂志，发行量各3000份。另外还有《道路》、《明镜》和《车轮报》等。

二 广播、电视

马里新闻和广告社为官方通讯社，创建于1961年。每周发行一期《新闻周刊》，刊登国内外新闻。马里广播电台是官方电台，始建于1957年，起初只有一个中波和一个短波播送台。1962年平均每天播送6~8时；12~14时、18~23时播送，星期天8~23时连续播送。播送内容的倾向基本上符合苏丹联盟党的方针和政府的政策，并尽量适应各种不同种族的听众。大约50%的播音时间用法语广播，25%的时间用班巴拉语，其余时间由颇耳、桑海、萨腊科勒和塔马集格特4种语言平均分配。新闻节目占整个节目的35%，音乐节目占40%，宗教节目占3%，剩余部分用于播送普通节目和教育节目。"马里之声"电台播送新闻、采访和讨论、音乐娱乐节目以及戏剧。20世纪70年代早期，中国援建了一座现代广播发射台，能覆盖大多数西非国家。马里的电视和新闻侧重于国内和地方新闻，仅仅偶尔对重要的国际事件作深入报道。80年代后期，马里有将近12万名广播听众。[①] 目前，播音覆盖面占全国人口的80%以上。用法语、班巴拉语、颇尔语和桑海语等9种语言对内广播；用法语、英语和阿拉伯语对外广播。每天播音累计115小时。另外还有60余家私营电台。

马里电视台是唯一官方电视台，创建于1984年，覆盖面仅

① Pascal James Imperato, *Mali, A Search for Direction*, Westview Press, 1989, p. 99.

限于巴马科、卡伊、塞古和锡卡索等4个城市。每天播放5个小时的节目。1997年马里电视观众4.5万人（见表5-5）。2002年网络用户3万。

表5-5　马里媒体简况

年　份	1995	1996	1997
收音机听众(千人)	500	550	570
电视观众(千人)	20	40	45
日报数量	2	3	—
平均发行量(千份)	11	12	—

资料来源：*Africa South of the Sahara 2002*, London, p. 624。

三　出版社

马里有5家出版社，即：

马里印刷出版社（EDIM），1972年成立，出版小说、课本为主。

冬尼亚出版社（Editions Donniya），成立于1996年，主要用法语和班巴拉语出版小说、历史和儿童读物等。

无花果树出版社（Le Figuier），成立于1997年。

伽玛纳出版社（Editions Jamana）成立于1988年，出版小说、诗歌等。

泰利亚出版社（Editions Teriya），以出版文学作品为主。①

① *Africa South of the Sahara 2005*, p. 714.

第六章

外　交

第一节　外交政策

独立之初，凯塔政府选择“非资本主义”发展道路，在对外关系上重视发展与社会主义国家的关系。在此期间，马里与中国、苏联及东欧国家的关系获得了较快的发展。20 世纪 60 年代中期，马里在国外设立 13 个大使馆，这些大使馆主要设在社会主义国家，包括越南民主共和国、朝鲜民主主义共和国、中国、苏联、南斯拉夫、民主德国和古巴。凯塔主张已经取得独立的非洲国家联合起来，共同反对新老殖民主义和种族主义，支持尚未独立的非洲国家和地区的民族解放运动。他是主张非洲统一的代表人物之一。凯塔曾经努力促进西非诸国的联合，在他的领导下，马里曾在 1960 年与加纳、几内亚组成联邦。1961 年 7 月 31 日，马里加入卡萨布兰卡集团（主要有摩洛哥、加纳、几内亚、阿尔及利亚）。卡萨布兰卡集团与温和的蒙罗维亚集团相比，主张非洲更加紧密地团结起来。

特拉奥雷执政时期，马里政府继续奉行不结盟政策，反对殖民主义、帝国主义和种族主义。马里支持几内亚 1970 年的抗击帝国主义的入侵，还谴责葡萄牙在安哥拉、莫桑比克和几内亚比绍推行殖民主义政策，谴责南非的种族主义政策。这一时期马里的外交政策务实而灵活。马里同时与东西方国家保持着友好关系，它从多方面的外援中获得好处，而不管提供者的政治倾向和意识形态如何。马里在非洲、伊斯兰国家和第三世界政治方面发出了积极的声音。尽管马里是世俗政府，但大量穆斯林人口使她与阿拉伯国家关系密切。它与巴勒斯坦解放组织和利比亚一直保持着友好关系，同时也和温和的阿拉伯国家如沙特阿拉伯和埃及保持着良好的关系。直到 1973 年马里还保持着与以色列的外交关系，并且是以色列许多外援项目的受益者。出于经济需要和历史原因，马里与法国保持着特殊的关系。特拉奥雷总统于 1988 年担任非洲统一组织主席。1999 年 10 月，马里当选为 2000～2001 年联合国安理会非常任理事国。

1992 年马里第三共和国建立以来，其外交政策更加务实和灵活。尽管马里是一个人口较少、经济落后的国家，但她在国际事务中表现活跃。马里是国际上许多政治和经济组织的成员，这些组织包括联合国、非洲统一组织、防御撒哈拉沙漠干旱国家间委员会（CILSS）和西非经济共同体（CEAO）等。1999 年 12 月，科纳雷总统当选西非国家经济共同体和西非经济货币联盟执行主席，并于 2000 年 12 月连任至 2001 年 12 月。此外，马里前卫生和社会事务部长阿里·西塞（Ali Cisse）成为防御撒哈拉沙漠干旱国家间委员会的秘书长，马里前公共卫生主任契克·邵（Cheick Sow）博士多年来担任防御地方病联合组织（OCCGE）的秘书长，这是一个总部设在布基纳法索博博迪乌拉索的非洲法语国家的地区性卫生组织。马里人德·凯塔（Driss Keita）担任西非经济共同体秘书长。

总之，马里奉行独立、和平、睦邻友好和不结盟的对外政策，愿与一切爱好和平、正义和进步的国家建立友好关系；主张尊重国家主权，不干涉别国内政，通过和平方式解决国际争端和地区冲突；加强非洲团结，促进睦邻友好，积极推动非洲一体化发展；强调外交为经济发展服务，努力寻求国际援助；呼吁建立国际新秩序，主张国际社会加强合作，债权国和债务国共同分担责任，寻求解决债务问题的有效办法；积极参加中、西非地区维和行动，谴责一些非洲国家动辄军事政变的做法。

第二节　同法国的关系

法国虽然是马里前宗主国，但是，在独立之初马里与法国的关系冷淡。独立之后，马里人民为了捍卫自己的政治独立、摆脱前宗主国的影响，要求法国从马里撤走驻军。经过双方多次协商，法军终于在 1961 年 9 月撤走。1962 年马里宣布退出法郎区并发行本国货币。此外，马里还指责法国在马里煽动暴乱反对新货币的发行，并且指责法国支持北部的图阿雷格人叛乱。但在莫迪博·凯塔政府执政后期，由于经济和财政陷入困境，马里试图改善与法国的关系。1967 年，马里与法国进行金融谈判，同年，两国签订《法国和马里货币合作协定》。1968 年 3 月马里法郎同法国法郎实行自由兑换。

1968 年政变后，以穆萨·特拉奥雷为首的马里全国解放军事委员会（CMLN）执政，马里与法国的关系开始恢复和发展。全国解放军事委员会副主席迪阿基特（Yoro Diakite）于 1969 年 3 月对法国进行正式访问，向戴高乐解释了马里国内政治变化。1970 年 1 月，法国主管国际事务的国务秘书布勒盖斯（Yvon Bourges）访问了巴马科。1972 年 4 月，穆萨·特拉奥雷总统对法国进行国事访问并与蓬皮杜总统进行了会谈。这些访问使马里和法国高层次的官方联系得到加强，促进两国金融和经济条约在 1973 年最终得到签订。1977 年 2 月法国总统德斯坦访问马里，这是独立后法国总统首次访问马里。两国高层互访给两国更进一步的合作以新的推动力。当时，法国提供马里的双边援助占其所有双边援助的30%和所有国外援助的20%。[①]

特拉奥雷政府强调马里同法国保持传统的特殊关系，对马里而言，它需要法国的双边援助和年度预算支持；对法国而言，它享有的某些贸易优惠权有利于国内的经济发展。1970～1983年间马里国家元首特拉奥雷6次访问法国。1985年两国贸易额达600亿非洲法郎。[②] 1986年11月密特朗总统访问马里。这一年法国在马里的援助人员约300人，其中教员200名。法国每年向马里提供财政补贴，截至1984年底，法国共向马里提供近6.3亿美元的援助。1985～1987年间，法国向马里提供133亿非洲法郎的财政补贴。1988年为配合马里经济结构调整，法国又向马里提供财政补贴41亿非洲法郎。法国还向马里提供300名奖学金名额。1989年4月特拉奥雷以马里总统和非统执行主席双重身份访问法国。

进入20世纪90年代，马里与法国的关系继续发展。90年代初，马里约有400名法国技术援助人员。法国是马里主要援助国和合作伙伴。1993年1月，法国决定今后4年每年向马里提供250亿非洲法郎的援助。1994年，为弥补非洲法郎贬值造成的损失，法国提供特别财政援助及增加各种援助共达600亿非洲法郎；1994年4月，科纳雷总统赴法国出席第18届法非首脑会议；同年3月和12月，法国两任合作部长鲁森和德布雷分别访问马里。[③] 1995～1997年，法国对马里的公共援助总额分别为

① Pascal James Imperato, *Mali, A Search for Direction*, Westview Press, 1989, p. 131.

② 《世界知识年鉴》（1990/1991），第344～345页。

③ 《非洲国家概况》（1995/1996），世界知识出版社，1996，320页。

503.89 亿、473.01 亿和 410 亿非洲法郎。1998 年 11 月，科纳雷总统两次赴法国，分别出席在巴黎举行的“世界保护自然联盟成立 50 周年大会”和第 20 届法非首脑会议。1999 年，科纳雷总统两度赴法国进行私人访问。2000 年 2 月，法国负责合作和法语国家事务部长级代表若斯兰访问马里；9 月，科纳雷总统对法国进行正式访问。2001 年 2 月，马里总理西迪贝访问法国；6 月，法国外交部长于贝尔·韦德里纳访问马里；10 月，马里武装部队和老战士部部长马伊加访问法国。2002 年 9 月，杜尔总统对法国进行正式访问。访问期间，法国允诺免除马里 40% 的债务，并决定对马里试行新移民政策。双方还签署两项投资协议和一项合作协议。近年来，法国每年向马里提供 8600 万欧元的援助，在马里双边合作伙伴中位居第一。①

第三节　同美国的关系

独立之初，马里选择了“社会主义”的发展道路，与社会主义集团的良好关系一度影响了与美国关系的发展。两国虽于 1960 年 9 月 29 日建交，但在 60 年代的大部分时间里，马里与美国的关系冷淡。马里媒体公开批评美国发动越南战争，并把对美国的批评扩展到美国政治、社会和经济生活的方方面面。在凯塔总统发动的“文化革命”期间，马里与美国的关系最为冷淡，当时美国对马里的援助也大大减少。

1968 年 11 月马里政变后，马里与美国的关系开始恢复和发展。美国对马里的援助逐渐增加，美国的援助是以贷款、捐赠和在卫生、工业、商业、教育和农业等领域提供技术顾问的形式进

① http：//ml. mofcom. gov. cn/aarticle/jmxw/200511/20051100803714. html

行的。从1969年起，美国向马里派遣和平队员，到80年代中期，美国向马里派出和平队员400多名。在70年代和80年代旱灾期间，美国向马里提供了10万多吨粮食援助。① 1961~1988年中期，美国对马里的经援总值达3.5亿美元。② 1988年和1989年美国先后援助马里约3500万和5000万美元，主要用于马里经济改革和国有企业私有化以及紧急援助等。③

在马美关系稳步发展的背景下，两国的高层领导人实现了互访。1985年3月10日，美国副总统乔治·布什访问马里，向马里政府提供2460万美元的援助以鼓励市场经济和农业发展。这是美国最高级别的官员访问马里，反映了马美关系在80年代得到了很大的改善。1986年12月，马里和布基纳法索边界争端的解决扫除了特拉奥雷总统访问美国的障碍。1988年，特拉奥雷总统担任非统组织主席，非统组织在斡旋安哥拉内战和纳米比亚独立战争上取得了重大进展，它让南非人、安哥拉人和古巴人在一系列直接的会议上坐到了一起。随后，特拉奥雷总统应邀访问美国。1988年10月6~9日，马里总统、非统组织主席特拉奥雷访问美国，在里根总统当政8年期间，特拉奥雷总统是第二位受到盛大欢迎的非洲国家总统。这说明美国对马里政治稳定和经济改革及特拉奥雷在调解南部非洲冲突中所起作用的认同。特拉奥雷总统则强调了马里对非洲内部冲突的关注和非洲的债务问题以及马美双边关系。

1992年马里第一届民选政府上台后，马里与美国的关系迅速发展。1961~1992年，美国共向马里提供援助5.3亿美元，平均每年约1700万美元。90年代马里推行民主化以来，美国加

---

① 《世界知识年鉴》（1987），第228页。

② Pascal James Imperato, *Mali, A Search for Direction*, Westview Press, 1989, p. 146.

③ 《世界知识年鉴》（1990/1991），第344页。

大援助马里的力度。1993 年，美国向马里提供 3500 万美元的援助、3300 万美元的粮食援助及一笔军事贷款，并为马里培训青年军官。1994 年 4 月，马里装备和运输部长特拉奥雷访美。10 月，美国负责非洲事务的助理国务卿摩斯访向马里。① 进入 90 年代以来，美国和马里在许多事情上都进行合作，尤其重视加强非洲多国部队的力量，以便在非洲发生危机时发挥作用。1996 年 10 月 8 日，美国国务卿克里斯托弗访问马里，马里政府表示原则同意加入美国提倡建立的泛非维持和平部队。

1998 年 5 月，科纳雷总统访问美国，双方签署了美国在今后 4 年内向马里提供总额为 260 亿非洲法郎的援助协议。1999 年 7 月，凯塔总理赴美参加国际反贪污大会。1999 年 6 月、10 月、12 月，美国副国务卿洛伊、前总统卡特和国务卿奥尔布赖特、常驻联合国代表霍尔布鲁克相继访马。近年来，马美军事合作得到加强。1998 年 2 月，马美举行联合军事演习。1999 年 4 月，美国在马里设立常驻武官。5 月，马美举行“非洲危机反应倡议”第 4 阶段军事演练。2000 年 11 月，美国负责非洲事务副国务卿贝拉米访问马里。2001 年 5 月，美国国务卿鲍威尔访马。2002 年 9 月，美国欧洲驻军副总司令福尔福特访马。1996 ~ 2001 年美国向马里提供的援助总额达 2.5 亿美元。近年来，两国军事合作得到加强。由美国政府资助的“非洲危机反应倡议”计划自 1998 年开始已连续 4 年在马里开展军事培训活动，双方多次进行联合军事演习。2001 年 6 ~ 7 月，两国军方共同组织代号为 2001 年火石锁二号（FLINTLOCK Ⅱ）的军事演习。2002 年，美国为马里大选提供 100 万美元，并资助马里建立广播电台。两国军事合作近年亦逐渐增多，2002 年 11 月，美国在马里开展了多国维和军事培训。

① 《非洲国家概况》（1995/1996），世界知识出版社，1996，第 320 页。

第四节　同德国、日本的关系

一　同德国的关系

1960年10月12日马里同联邦德国建立外交关系。1968年以来，两国关系发展较快。特拉奥雷总统于1978年和1984年两次访问联邦德国。1989年4月，又以马里总统和非统执行主席的双重身份访问德国。1979～1984年，联邦德国向马里提供援助1.5亿美元，援建项目40多个。1988年3月，联邦德国总统魏茨泽克对马里进行正式访问，宣布取消马里7000万马克的债务，并提供50万马克的医疗器材。联邦德国是马里主要贸易伙伴，消费了马里出口的15%，并且提供了大约同样数量的进口商品。从1982年开始，还向马里提供少量军援。德国统一后，两国关系继续发展。1992年2月，两国签订军事合作协定，德国将于1992～1994年向马里提供600万马克的军援。1993年5月，两国举行政府间协商会议，签署了德国在1993～1994两年内向马里提供1.15亿马克贷款的协定。

自马里独立至1995年底，德国共向马里提供援助13亿马克(约合4420亿非洲法郎)。1995～1998年，德国每财政年度向马里提供8500万马克的援助。1999年6月，马里外长西迪贝访问德国，双方签署1999～2000年度德国向马里提供8500万马克的援助协议。1999年2月和7月，德国联邦议会议长蒂尔泽和经济合作与发展部长维措雷克·佐伊尔分别访问马里。2002年1月，德国总统约翰内斯·劳访问马里。

二　同日本的关系

自1989年始，日本每年向马里提供一定数量的赠款，至1998年累计达4400万美元。2000年8月，日本减免马里6亿非洲法郎债务。2001年日本援助马里总额为105.6亿非洲法郎。2002年，日本为马里大选提供16.5亿非洲法郎的援款。

第五节　同苏联/俄罗斯、东欧国家的关系

一　同苏联/俄罗斯的关系

1960年10月14日马里同苏联建交，关系密切。1961年3月，两国签订《马里—苏联经济及技术合作协定》。根据这个协定，苏联向马里提供总额达4000万卢布的贷款，进行地质勘探工作、建设水泥厂、巴马科体育场、职业技术教育中心及其他一些项目。1962年10月，又缔结了提供1000万卢布贷款的协定，供扩建“尼日尔河开发管理局”的国营农场灌溉系统。1962年和1965年，凯塔总统两次访问苏联。1961～1973年期间，马里和苏联签订了提供补充贷款的一系列其他协定及议定书。利用上述贷款，马里进行了地质勘探工作，并成立了马里全国矿产资源勘探和开采公司，并于1969年建成了年产能力为5万吨的水泥厂；在卡拉纳地区进行了金矿勘探，并在该矿建立了采金企业；援建了有2.5万个座位的体育场，有300名学生的职业技术教育中心，在“尼日尔河开发管理局”的农场开发了约9000公顷荒地，种植水稻。[①] 此外，前苏联在卫生事业方面给予马里经常性的援助，定期为医院及门诊部提供医疗设备和药品，苏联医生在马里的许多医疗机构中工作。

苏联援马项目卡拉纳金矿1985年1月正式投产，当年产黄

① 〔苏〕拉钦科等著，《马里共和国》，商务印书馆，1981，第106～107页。

金500公斤。从1960~1986年底，苏联已向马里提供2.4亿美元的援助，主要是军援。1989年苏向马提供各类贷款50多亿非洲法郎。1986年7月，特拉奥雷总统正式访苏，1988年2月对苏联进行了私人访问。1989年8月又赴苏度假。1986年马在苏注册留学生达1400名。自1963年至80年代末，马里共有5000余人去苏联留学或进修。

1992年1月，马里正式承认俄罗斯和其他独联体成员国。马里欠俄罗斯债务2500亿非洲法郎，占其外债总额的18%。1998年，俄罗斯决定减免马里债务的67%。2000年，马里与俄罗斯签订了司法互助协议计划。[①]

二 同东欧社会主义国家的关系

马里独立后不久，迅速发展与东欧国家的关系。到1960年底，马里已与南斯拉夫、波兰、捷克斯洛伐克、保加利亚等国家签订了合作协议。南斯拉夫总统铁托在1961年3月对马里进行了正式访问，3个月后，凯塔总统访问南斯拉夫。1962年，凯塔总统访问了布拉格。1963~1966年期间，南斯拉夫援助马里建设生产番茄酱、芒果酱及水果汁的巴吉内达罐头厂及地毯厂，在加奥、莫普提、塞古建设屠宰场。1962年，保加利亚提供给马里总额180万卢布的贷款，在巴吉内达建成了国营蔬菜园，以便向当地的罐头厂提供原料。1961年，捷克斯洛伐克给马里1150万卢布贷款，用这笔款向马里提供无线电发射机、面粉厂及医院用的设备。民主德国支持了马里许多农业发展项目，其中著名的是位于马里中部塞诺（Seno）的一个模范农场。

特拉奥雷政府在一定程度上保持了凯塔政府的外交政策，但

---

① 《世界知识年鉴》(2002/2003)，第454页。

也有较大发展。他的外交政策是务实的，力图在东西方国家之间保持平衡。在推动与西方国家更紧密联系的同时，也保持同社会主义国家的友好关系。

第六节　同周边国家的关系

发展与本地区国家的友好关系是马里外交的重点之一。马里与几内亚、阿尔及利亚、塞内加尔、科特迪瓦、毛里塔尼亚、尼日尔和布基纳法索7个国家接壤，除了与布基纳法索有过短暂的边界争端外，马里与所有这些邻国的关系友好。

一　同塞内加尔的关系

1960年马里联邦的分裂，一度恶化了马里和塞内加尔的关系并造成两国边界局势的紧张。这一事件最直接的影响是通往沿海的铁路被封锁，马里通过迅速修建一条紧接科特迪瓦边界的公路主干道解决了交通问题。两国不久就意识到恢复合作的重要性，特别是在有关开发塞内加尔河流域问题上。在两国关系破裂两年后，一个塞内加尔代表团访问了巴马科，目的是重建两国外交和商业联系。到1963年，两国同意重开达喀尔——尼日尔铁路，当年6月两国在巴马科签署条约使两国关系正常化。塞内加尔总统桑戈尔与凯塔总统随后在两国边界城市基迪拉（Kidira）进行了短暂会晤，以表明两国关系正常化。

随后，两国基于开发塞内加尔河流域的共同目标，关系变得更加紧密。1968年，为了促使该工程上马，两国与几内亚和毛里塔尼亚一道组成了一个地区性组织，即塞内加尔河流域组织。1972年，几内亚因与塞内加尔等国意见不合退出了该组织。留在这一组织内的 3 个国家随后组成了一个后续组织，即塞内加尔河开发组织（OMVS）。1988 年，几内亚表示了重新加入该组织的兴趣。

塞内加尔河开发组织的两个主要工程分别是位于马里的马南塔里（Manantali）大坝和位于塞内加尔的迪阿马（Diama）大坝。马里希望前者能为它提供大量的水电；塞内加尔认为这两座大坝为大规模的农业灌溉、抗旱和粮食自给提供了条件。

马里与塞内加尔的关系因共同开发塞内加尔河的资源变得密切。两国总统频繁地互相访问，这种访问开始于 1965 年 12 月桑戈尔总统对巴马科的访问。1999 年 3 月和 10 月，科纳雷总统两度赴塞内加尔，分别对塞内加尔进行访问和参加非洲民主化论坛。2000 年 4 月，科纳雷总统赴塞内加尔出席瓦德总统就职仪式。2002 年 6 月，杜尔总统访问塞内加尔。

二　同科特迪瓦的关系

马里与科特迪瓦有着传统的经济、贸易关系，阿比让港是马里主要出海口。马里与科特迪瓦的关系友好。科特迪瓦繁荣的经济为数以万计的马里人提供了工作，而这些人的汇款帮助马里发展经济。科特迪瓦是马里的主要贸易伙伴，20 世纪 80 年代科特迪瓦每年购买马里出口商品的 1/3，它是仅次于法国的马里进口商品的来源地，占马里每年进口货物价值的 20%。

1999 年 12 月科特迪瓦发生军事政变后，马里领导人为调解科特迪瓦危机作出了一定的努力。科特迪瓦政变后，科纳雷总统以西非国家经济共同体执行主席名义和马里政府分别发表公报和声明予以强烈谴责。2000 年 2 月，科特迪瓦总统盖伊访问马里；11 月，科纳雷总统访问科特迪瓦，与科特迪瓦新总统巴博会晤。2001 年 6 月和 8 月科特迪瓦总理、总统先后访问马里；10 月科纳雷总统访问科特迪瓦。2002年6月，科纳雷总统和杜尔总统先后访问塞内加尔；同月，塞内加尔总统瓦德赴马里出席杜尔总统就职仪式；同年9月，马里政府就科特迪瓦局势发表声明，强烈谴责军人兵变行径；10月和12月，马里外长和总统先后赴科特迪瓦参与调解科特迪瓦危机；12月，杜尔总统邀请科特迪瓦总统巴博和布基纳法索总统孔波雷在马里首都巴马科会晤，商讨和平解决科特迪瓦危机等问题。2002年9月和12月，科特迪瓦外长桑加雷和总统巴博先后访问马里。

三　同几内亚的关系

1999年1月和11月，科纳雷总统两度赴几内亚，分别出席孔戴总统就职典礼和对几内亚进行访问。7月，几内亚总理拉明·西迪梅访问马里。2000年，科纳雷总统先后4次访问几内亚。2001年2月，科纳雷总统访问几内亚；6月，几内亚总理西迪梅访问马里。2002年6月，孔戴总统赴马里出席杜尔总统的就职仪式；8月，几内亚外长法尔访问马里；10月，杜尔总统对几内亚进行友好工作访问。

四　同毛里塔尼亚的关系

独立之初，马里与毛里塔尼亚存在边界纠纷。东豪德（Hodh）地区，曾经是苏丹殖民地的一部分，马里与毛里塔尼亚两国对此地存在争议。1963年1月，双方代表在毛里塔尼亚南部的阿尤恩阿特鲁斯会晤，商讨了两国的边界线。同年2月16日，凯塔总统在马里的卡伊会见了毛里塔尼亚总统达达赫，并且签署边界条约。然而，边界问题并没有随着条约的签署而消失，因为多年来来自毛里塔尼亚的摩尔人经常袭击马里边境并且抢掠农民的粮食，特别是在旱灾期间。1969年6月，双方代表再次会晤于巴马科商讨边界问题。1984年两国就确定边界走向问题达成协议；1986 年 4 月，两国边界问题混委会在巴马科举行会议，商讨树立界碑问题。1987 年 8 月，马里与毛里塔尼亚举行会谈，决定维持原有边界。1999 年 3 月和 11 月，科纳雷总统两次访问毛里塔尼亚。2000 年 5 月，毛里塔尼亚总统塔亚对马里进行工作访问。2001 年 4 月科纳雷总统访问毛里塔尼亚。

五　同阿尔及利亚的关系

自从独立后，马里一直寻求与阿尔及利亚保持友好关系，双方拥有一条较长的边界线。1983 年 5 月，特拉奥雷总统前往阿尔及利亚签署了马里与阿尔及利亚两国边界协定，在非洲统一组织宪章精神下解决了边界问题。访问期间，阿尔及利亚同意派医生援助马里，并同意接纳马里人进入阿尔及利亚的技术学校学习。1984 年 4 月，两国签署边界会谈纪要。

两国经常保持高级别的外交会晤，并建立了一个政府间委员会，讨论双方关心的问题。该委员会第 6 次会晤于 1986 年 12 月在巴马科举行，讨论了双方边界地区的农业和发展规划。委员会还就穿越撒哈拉地区的公路建设和引入阿尔及利亚天然气供马里国内消费等问题进行了协商。1999 年 1 月，科纳雷总统对阿尔及利亚进行友好访问，双方签订避免双重征税协定；7 月，科纳雷总统赴阿尔及尔出席非统组织第 35 届首脑会议。2000 年 1 月，科纳雷总统对阿尔及利亚进行工作访问；4 月 30 日，科纳雷总统访问阿尔及利亚，出席非统组织关于刚果（金）问题的首脑会议；2001 年 1 月，马里武装力量和老战士部部长马伊加访问阿尔及利亚，双方签署两国军事合作协议议定书；12 月，阿尔及利亚人民军总参谋长穆罕默德·拉马利将军访问马里。2002 年 8 月，阿尔及利亚外交部负责马格里布和非洲事务部长级代表阿卜杜勒·卡德尔·迈萨赫勒访问马里。

六 同尼日尔的关系

马里与尼日尔的关系一直是比较友好的。在20世纪70年代早期荒漠地区的旱灾，造成大量马里难民逃到尼日尔，这些难民的到来给尼日尔的资源和局势造成了巨大的压力，这一状况随着国际援助的开展而得到迅速缓解。

图阿雷格人等跨界民族是影响马里与尼日尔关系发展的主要因素。生活在马里和尼日尔的边界两边的族群不仅包括图阿雷格人，还包括迪耶马人和桑海人。马里努力吸纳这些族群的代表参加政府，并在这一地区保持强大的军事存在。此外，政府与这一地区保持紧密的通讯和交通联系，修建了莫普提——加奥的砂石路，加强这一偏远地区与国家政治中心更紧密的联系。

2000年2月，尼日尔总统唐加访问马里。2002年6月，杜尔总统访问尼日尔。

七 同布基纳法索的关系

马里同布基纳法索有1100公里的共同边界，两国曾于1974年和1985年两次发生大规模武装冲突。1986年12月，两国政府接受海牙国际法庭的最终裁决。1994年3月，科纳雷总统赴布基纳法索出席西非货币联盟和西非经济共同体特别首脑会议；4月，科纳雷总统在出席撒赫勒国家抗旱委员会第11次最高会议期间会见了布基纳法索总统孔波雷；6月，科纳雷总统正式访问布基纳法索；11月，科纳雷总统在出席第18届法非首脑会议期间，再次与孔波雷总统会晤；12月，凯塔总理访问布基纳法索。1999年11月，科纳雷总统访问布基纳法索。2000年8月，布基纳法索总统孔波雷访问马里。2002年，两国有关负责人就边境问题数次会晤，以共同保证边境安全。

马里与布基纳法索的边界争端集中在被称为阿加谢

（Agacher）的地区。这个地区是大约160公里长、纵深达19公里的一块地方，这里蕴藏有战略矿产和天然气。边界问题是殖民主义统治遗留下来的，该处边界在殖民地时期没有被清楚地划定，因为上沃尔特被建立（1919）、撤销（1932），最后又重新组建（1947），在这一过程中有争议的阿加谢地区划给了苏丹。1974年12月，两国相互谴责对方侵犯了这一争议地区。1974～1975年，在这一地区双方军队发生了数周的冲突，造成了少量伤亡。1974年12月，在沃尔特的博博迪乌拉索发生了一起严重的针对马里人的暴乱，数十人被杀。摩洛哥、塞内加尔、尼日尔和几内亚等国为调解马布边界争端进行了努力，促使双方停火并坐到一起谈判。然而，问题仍然没有解决。1983年9月17日，布基纳法索总统桑卡拉访问马里，他与特拉奥雷总统同意把两国的争端提交给海牙国际法庭；10月，特拉奥雷总统对布基纳法索进行了正式访问。边界争端一度出现和平解决的迹象。然而，在1985年12月初形势急转直下，当时马里人宣称布基纳法索官员企图对争议地区进行人口普查，马里认为这一地区属于自己。马里还宣称布基纳法索派军队进入了争议地区。1985年12月25日，马里的武装部队开进这一争议地区，双方随即爆发了武装冲突，从25日至29日的5天交战中，双方共死亡近百人。

1985年12月27日联合国秘书长佩雷斯·德奎利亚尔呼吁双方和平解决两国的边界争端。同一天，非统组织发表声明，敦促冲突双方采取克制态度，要求双方立即停火，各自撤出有争议的地区，以便按照非统组织宪章和1974年成立的调解委员会的决定来寻求一个和平解决争端的方法。12月29日，马里和布基纳法索在经过利比亚和尼日利亚等国的调解后，达成一项立即全面停火协议，以结束历时5天的两国边界武装冲突。[①]

① 1985年12月31日《人民日报》。

1986年1月17日，马里总统特拉奥雷和布基纳法索总统桑卡拉在科特迪瓦的政治首都亚木苏克罗会晤，讨论两国的边境武装冲突事件。在会晤结束后发表的公报说，两国元首同意将各自军队撤离争议地区。公报说，特别首脑会议委托观察家委员会监督双方军队的撤离工作。1986年12月，随着马里国防部长塞科（Gen Sekou）率领的一个高级代表团抵达瓦加杜古，两国关系开始改善。多日后，由布基纳法索外交关系和合作部长巴苏尔（Leandre Bassole）率领的代表团访问了巴马科，巴苏尔（Bassole）告诉马里人，作为友好的表示，布基纳法索在沿共同边界地区已经取消了所有军事活动。1986年12月22日，国际法庭正式宣布决定，把争议地区的东部划给了布基纳法索，西部划给了马里。无论是特拉奥雷总统还是桑卡拉总统都赞同这个决定。从此以后，两国关系得到了很大改善。

第七节　同中国的关系

一　双边政治关系

马里是同中国建交最早的非洲国家之一。1960年10月25日中马建交。建交以来，两国高层领导人交往频繁，有力地推动了两国在政治、外交、经济和文化等领域的友好合作关系。

1964年1月，周恩来总理和陈毅副总理兼外长访问马里，在访问后发表的《中马联合公报》中，首次提出了中国对外经济技术援助8项原则。从60年代至90年代末，中国国家领导人和政府官员访问马里的有：刘宁一副委员长（1965年3月）、陈毅副总理兼外长（1965年9月）、耿飚副总理（1978年10月）、黄华副总理兼外长（1981年11月）、田纪云副总理（1984年12

月)、农业部长何康(1988年5月)、王汉斌副委员长(1989年9月)、钱其琛国务委员兼外长(1992年1月)、李岚清副总理(1995年10月)、司马义·艾买提国务委员(1999年5月)等。1980年7月，中马两党正式建立关系，1988年3月中国共产党代表团出席马里民盟三大。马方重要来访有：总统莫迪博·凯塔(1964年11月)、国家元首穆萨·特拉奥雷(1973年6月、1981年8月、1986年6月和1989年1月)、外交和国际合作部长阿利翁·布隆丹·贝耶(1984年8月)、议长西迪基·迪亚拉(1986年9月)、国防部长塞古·利(1987年10月)、公共工程部长谢克·乌马尔·冬比亚(1988年5月)、计划部长昂迪乌马纳·恩迪亚(1988年8月)、总统阿尔法·乌马尔·科纳雷(1992年12月和1996年9月)、议长阿里·努乌姆·迪亚洛(1995年7月)、总理易卜拉欣·布巴卡尔·凯塔(1994年8月和1999年10月)。

这期间中国国家主席江泽民访问马里(1996年5月17日至18日)是中马关系史上的一件大事。江泽民主席在与科纳雷总统会谈时说，中马关系是南南合作的典范。中国永远是马里可以信赖的朋友，我们愿同马里一道，风雨同舟，休戚与共，相互支持，彼此成为全天候的朋友。江泽民主席访问期间，双方签署了中国政府向马里政府提供无息贷款和无偿援助的协定、中国在马里建立投资开发贸易中心的谅解备忘录等4个文件(中马两国政府经济技术合作协定、中国政府向马里政府提供贷款协定、中马两国政府关于中国在马里建立投资开发贸易中心合作备忘录以及马里凯塔公园项目交接证书)。

进入新世纪后，中马友好关系继续发展。2000年3月，马里经济、社会和文化理事会主席穆萨·巴拉·库里巴利(Moussa Balla Coulibaly)访华；10月，马里外交和侨民部长莫迪博·西迪贝和工业、贸易和运输部长杜尔·阿利马塔·特拉奥雷来华参加中非合作论坛——北京2000年部长级会议。2000年，中方先后访问马里的有：中联部部长戴秉国（2月）、全国政协副主席陈锦华（7月）、中国人民解放军总后勤部政委周坤仁上将（7月）。

2001年5月，马里武装力量和老战士部部长马伊加访华；12月，中国政府代表、全国政协委员王文东访问马里。

2002年1月24～26日，应马里外交和侨务部邀请，中国外交部副部长王光亚率团访问马里。马里总统科纳雷会见，马里外长西迪贝与其会谈。访问期间，双方签署了《中华人民共和国政府和马里共和国政府经济技术合作协定》。4月17日，马里总统科纳雷致电江泽民主席，对中国民航飞机失事表示慰问。5月8日，马里国民议会议长迪亚洛两次致电李鹏委员长，分别对中国民航飞机在韩国和大连失事表示慰问。5月15～19日，应中国外交部邀请，马里总统特使、青年和体育部长奥斯曼·优素菲·马伊加访华。钱其琛副总理会见马伊加，并接受了他转交的科纳雷总统致江泽民主席的信。5月24日，江泽民主席致电杜尔，祝贺其当选马里总统。6月29日～7月2日，应马里武装力量和老战士部邀请，济南军区司令员陈炳德上将率团访问马里。马里总统杜尔、马里武装力量和老战士部部长马伊加分别会见陈炳德。8月22日，马里总统杜尔致电江泽民主席，对中国发生水灾表示慰问。9月19日，李鹏委员长致电凯塔，祝贺其当选马里国民议会议长。10月16日，朱镕基总理致电哈马尼，祝贺其就任马里总理。11月2日，中国驻马里大使马志学与马里外长特拉奥雷签署了《中华人民共和国政府和马里共和国政府经济技术合作协定》。

2004年7月，马里总统杜尔对中国进行国事访问。7月15日，国家主席胡锦涛在人民大会堂与来华进行国事访问的杜尔总统举行会谈，双方一致同意继承和发扬中马传统友谊，加强两国在各领域的交流与合作，努力开创新世纪中马友好合作关系的新局面。会谈后，两国元首出席了两国政府经济技术合作协定等双边合作文件的签字仪式。

二　双边经贸关系和经济技术合作

1961年2月，中马签订货物交换和支付协定。1978年10月，两国签订新的贸易协定。中国对马里出口的主要商品是茶叶、机电产品、摩托车、大米和纺织品等；从马里进口的主要商品是棉花和牛兰湿皮。1987年两国贸易总额为810万美元，其中中国进口额217万美元。1999、2000、2001年贸易总额分别为1986万美元、3500万美元、2400万美元。2002年，两国贸易总额为2335万美元，其中中国出口2162万美元，进口173万美元。

中马建交以来，两国签订了一系列经济、贸易、经济技术合作等协定。中国为马里援建了火柴厂、纺织厂、“糖联”、皮革厂、制药厂、体育场、议会大厦等数十个成套项目。1967～2004年期间，中国向马里提供了143亿多非洲法郎的无偿援助和530亿多非洲法郎的贷款援助。2003年中国还取消了马里欠中国的370亿多非洲法郎的债务。①

中马两国农业合作开始于20世纪60年代初，为帮助马里生产茶叶和食糖，1961年底和1962年初，应马里政府的要求，中国政府分别派出专家组赴马里试种茶树和甘蔗。中国专家经过认真调查研究，克服了气温高、虫害多等不利因素，终于获得成功。中国专家组组长唐耀祖、林桂堂分别被马里朋友称为“马里甘蔗之父”和“马里茶叶之父”。在此基础上，中国又援建了马里两个规模较大的甘蔗农场和两个糖厂以及100公顷的茶场和

① 2005年10月4日马里《发展报》。转引自 http：//ml. mofcom. gov. cn/aarticle/i/k/200510/20051000571875. html

年加工成品茶100吨的茶厂。马里前总统穆萨·特拉奥雷高度评价马中经济合作成果，他说："马里人民在征服困难的斗争中，一直得到中华人民共和国的帮助，糖厂是巩固马中团结友好关系的又一具体体现，使我国明显减少了食糖的进口，大大节省了外汇开支。"①

根据1992年12月马里总统科纳雷访华期间两国政府在北京签署的协议，1995年2月23日，中国政府向马里政府赠送一批价值200万元人民币的农业器械。这批农业器械包括发电机、拖拉机、手扶拖拉机、打谷机、碾米机、粉碎机和水泵等共194件。

1996年7月27日中国和马里在巴马科签署了两项农业合作协议。协议规定，中国将帮助马里建造一座花生酱厂、一座农具装配厂和一座磷酸盐化肥加工厂。

中马两国互利合作始于1983年，以工程承包和劳务合作为主要方式。工程承包项目以房建、路桥、打井和农田整治为主。经过二十多年创业，在马里的中国公司现已发展为十来家。目前中国在马里企业可分为加工型企业、承包工程公司和贸易公司3个类型。

加工型企业大都是由中国政府在20世纪六七十年代援建的，多年来已具有一定的规模和基础，商品在当地占有一定的份额。按照管理形式，可分为合资、管理合作和租赁3种企业。

承包工程公司共5家，承包业务起步于20世纪80年代中期，经过十多年创业，现已发展为一支拥有200多名从业人员、300多台（套）施工机械，业务涉及建筑、道路、桥梁、地质勘探、打井以及农村土地整治等多个领域的成熟的施工队伍，是目前中国在马里经贸业务中一支重要力量。

---

① 王成安：《农业合作 功在千秋 利在长远》，2000年9月12日《人民日报》。

三 文化、教育、卫生等方面的双边交往与合作

1963年5月和1981年9月，中马两国政府签订文化合作协定。中国于1965年开始向马里派遣教员，目前有3人在马里任教。2002年，马里在中国留学生有79名。

1967年12月起，中马隔年签订中国向马派遣医疗队议定书。1968年2月至2002年7月，中国向马里派遣医疗队共34批，累计581人次。目前，有31名医务人员分别在卡地、锡卡索、马尔卡拉3所医院工作。中国医疗队在马里每年治疗病人近13万人次，受到马里政府和人民的高度赞扬。1997年6月，中国政府向马里政府赠送一批药品和医疗器械。这批物资重15.42吨，总价值为6000万非洲法郎。

主要参考文献

The Economist Intelligence Unit Limited, Mali, 2001.

The Economist Intelligence Unit Limited, Mali, 2002.

The Economist Intelligence Unit Limited, Mali, 2003.

The Economist Intelligence Unit Limited, Mali, 2004.

The Economist Intelligence Unit Limited, Mali , 2005.

Africa South of the Sahara 2002, London, the Gresham Press.

Africa South of the Sahara 2003, London, the Gresham Press.

Africa South of the Sahara 2004, London, the Gresham Press.

Africa South of the Sahara 2005, London, the Gresham Press.

World Development Indicators Database, August 2004.

William Irvin Jones, *Planning & Economic Policy in Mali*, Three Continents Press Washington DC, 1976.

Pascal James Imperato, *Historical Dictionary of Mali*, The Scarecrow Press, 1996.

Pascal James Imperato, *Mali*, *A Search for Direction*, Westview Press, Boulder and San Francisco, 1989.

〔苏〕拉钦科等著，刘伉等译《马里共和国》，商务印书馆，1981。

〔德〕恩诺·博伊歇尔特：《马里》，上海人民出版社，1976。

A. 阿杜·博亨主编《非洲通史》第七卷，中国对外翻译出版公司，1991。

葛佶主编《简明非洲百科全书》（撒哈拉以南非洲），中国社会科学出版社，2000。

段宝林：《世界民俗大观》，北京大学出版社，1989。

《世界百科全书》非洲卷（东、中、西非诸国），台北光复书局，1987，

赵国忠、谈世中主编《世界各国商务指南》（中东非洲卷），中国社会科学出版社，1996。

《世界知识年鉴》1980～2003年各卷，世界知识出版社。

李树藩、王德林主编《最新各国概况》（修订版），长春出版社，2002。

《万国博览·非洲卷》（马里共和国），新华出版社，1998。

艾周昌、郑家馨主编《非洲通史》（近代卷），华东师范大学出版社，1995。

《非洲教育概况》，中国旅游出版社，1997。

〔马里〕加乌苏·迪阿瓦拉著，宋万国、周长智译《马里短篇小说集》，世界知识出版社，1984。

〔马里〕博卡尔·恩迪亚耶、伊萨·特拉奥雷整理，宋万国、周长志译《马里民间故事选》，世界知识出版社，1985。

〔英〕巴兹尔·戴维逊：《古老非洲的再发现》，三联书店，1973。

《人民日报》
《西亚非洲》杂志

有关马里共和国的外文网站
中华人民共和国外交部网站
中华人民共和国商务部网站
中国驻马里大使馆经济商务参赞处网页

后　记

《列国志·马里》系中国社会科学院重大研究项目的子项目，原先由山西大学的李忠人教授承担，为此，李教授已经搜集了部分外文资料，做了前期的研究准备。后来，由于李教授公务繁忙，也是出于对本人的厚爱，于2002年12月将此课题转给了本人，并且将他所搜集的外文资料一并转寄给我。在该课题承接过程中，得到了温伯友先生、赵国忠先生、杨光先生、李智彪研究员的支持。课题立项后，温先生一直非常关心课题的进展情况，及时通报列国志编委会的最新要求等相关信息，并将较早出版的《突尼斯》寄给我作参考之用。

2003年初及2005年8月，我两次到北京查阅有关马里的资料，中国社会科学院西亚非洲研究所资料室的同志为我查阅和复印资料提供了许多便利和帮助。在写作过程中，就体例的安排方面主要参考了杨鲁萍、林庆春两位同志撰写的《突尼斯》卷。初稿完成后，顾章义教授、张宏明研究员仔细审阅了书稿，提出了非常宝贵而中肯的修改意见。此前，顾教授还帮我复印了有关马里最新的外文资料。在修改的过程中，在章节处理方面又参考了李智彪研究员撰写的《刚果》和张宏明研究员撰写的《贝宁》。

对于上述给予本书提供各种帮助的先生和女士，以及其他所有为本书审稿、编辑、出版提供过帮助的同志一并表示我最衷心的感谢！

自2001年博士毕业后，《马里》的编撰是我近几年最主要的科研工作，在教学之余，不管是酷暑还是严冬，也不管是双休日、“五一”、“十一”长假，还是寒暑假几乎都在忙于此项研究工作。在这当中，我的夫人詹文君女士为我的工作付出了很多，为了让我安心工作、集中精力和时间写作，她无怨无悔地包揽了几乎所有的家务。所以，在本书出版之际，我还要向我的夫人表示我深深的谢意。

张忠祥

2005年11月

《列国志》已出书书目

2003 年度

吴国庆编著《法国》
张健雄编著《荷兰》
孙士海、葛维钧主编《印度》
杨鲁萍、林庆春编著《突尼斯》
王振华编著《英国》
黄振编著《阿拉伯联合酋长国》
沈永兴、张秋生、高国荣编著《澳大利亚》
李兴汉编著《波罗的海三国》
徐世澄编著《古巴》
马贵友主编《乌克兰》
卢国学编著《国际刑警组织》

2004 年度

顾志红编著《摩尔多瓦》

赵常庆编著《哈萨克斯坦》

张林初、于平安、王瑞华编著《科特迪瓦》

鲁虎编著《新加坡》

王宏纬主编《尼泊尔》

王兰编著《斯里兰卡》

孙壮志、苏畅、吴宏伟编著《乌兹别克斯坦》

徐宝华编著《哥伦比亚》

高晋元编著《肯尼亚》

王晓燕编著《智利》

王景祺编著《科威特》

吕银春、周俊南编著《巴西》

张宏明编著《贝宁》

杨会军编著《美国》

王德迅、张金杰编著《国际货币基金组织》

何曼青、马仁真编著《世界银行集团》

马细谱、郑恩波编著《阿尔巴尼亚》

朱在明主编《马尔代夫》

马树洪、方芸编著《老挝》

马胜利编著《比利时》

朱在明、唐明超、宋旭如编著《不丹》

李智彪编著《刚果民主共和国》

杨翠柏、刘成琼编著《巴基斯坦》

施玉宇编著《土库曼斯坦》

陈广嗣、姜琍编著《捷克》

2005 年度

田禾、周方冶编著《泰国》
高德平编著《波兰》
刘军编著《加拿大》
张象、车效梅编著《刚果》
徐绍丽、利国、张训常编著《越南》
刘庚岑、徐小云编著《吉尔吉斯斯坦》
刘新生、潘正秀编著《文莱》
孙壮志、赵会荣、包毅、靳芳编著《阿塞拜疆》
孙叔林、韩铁英主编《日本》
吴清和编著《几内亚》
李允华、农雪梅编著《白俄罗斯》
潘德礼主编《俄罗斯》
郑羽主编《独联体（1991~2002）》
安春英编著《加蓬》
苏畅主编《格鲁吉亚》
曾昭耀编著《玻利维亚》
杨建民编著《巴拉圭》
贺双荣编著《乌拉圭》
李晨阳、瞿健文、卢光盛、韦德星编著《柬埔寨》
焦震衡编著《委内瑞拉》
彭姝祎编著《卢森堡》
宋晓平编著《阿根廷》

张铁伟编著《伊朗》
贺圣达、李晨阳编著《缅甸》
施玉宇、高歌、王鸣野编著《亚美尼亚》
董向荣编著《韩国》

2006 年度

章永勇编著《塞尔维亚和黑山》
李东燕编著《联合国》
杨灏城、许林根编著《埃及》
李文刚编著《利比里亚》
李秀环编著《罗马尼亚》
任丁秋、杨解朴等编著《瑞士》
王受业、梁敏和、刘新生编著《印度尼西亚》
李靖堃编著《葡萄牙》
钟伟云编著《埃塞俄比亚　厄立特里亚》
赵慧杰编著《阿尔及利亚》
王章辉编著《新西兰》
张颖编著《保加利亚》
刘启芸编著《塔吉克斯坦》
陈晓红编著《莱索托　斯威士兰》
汪丽敏编著《斯洛文尼亚》
张健雄编著《欧洲联盟》

180卷 大型志书《列国志》

一套内容权威、准确，评论客观、公正的大型国际知识参考书

全面、系统地介绍世界各国及主要国际组织的最新情况

中国社会科学院重大课题、国家“十五”重点出版项目

1842年，受林则徐之托，魏源编辑刊刻了近代中国首部介绍当时世界主要国家史地政情的大型志书《海国图志》。林、魏之目的是为长期生活在闭关锁国之中、对外部世界知之甚少的国人“睁眼看世界”，提供一个基本的参考资料，尤其是让当时中国的各级统治者知道“天朝上国”之外的天地，学习西方的科学技术，“师夷之长技以制夷”。这部著作，因应当时中国所面临的重大变局——列强环伺、强迫开关、被动地融入世界性的相互联系之中，在当时乃至其后相当长一段时间内，产生过巨大影响。自那时起，中国认识世界、融入世界的步伐就再也没有停止过。

当今世界，资本与技术代替往昔的刀枪舰炮，令世界融合之进程大大加速，面临这样一种不同以往的“大变局”，已有的种种有关介绍、论述各国史地政情的论著，无论就规模还是内容来看，已远远不能适应时代发展的要求。新世纪新时代呼唤新的、更系统全面、更权威的著作的出现。

时至今日，在《海国图志》出版了一个半世纪之后，中国社会科学院重大课题、国家“十五”重点出版项目——大型志书《列国志》终于问世了。她将向国人全面、系统地介绍世界各国及主要国际组织的最新情况，为我们认识外部世界提供一套内容权威、准确，评论客观、公正的大型国际知识参考书。

《列国志》凝聚了数百名专家学者的心血。中国社会科学院是国家哲学社会科学的综合研究中心,也是国内研究国际问题的重要基地，全院有11个专门研究国际问题和外国问题的研究所,学科门类齐全,研究力量雄厚。《列国志》的作者主要为中国社会科学院国际片各研究所的学者，也包括国内其他科研院所及大学的相关学者，还包括少量曾任对象国大使的离退休人员。

这套大型志书共180卷，其规模前所未有。每一卷将全面介绍对象国地理环境、历史、政治、经济、军事、文化教育、社会生活、外交等方面的基本情况。本丛书强调学术性与资料参考性相结合，她不是一般的“手册”、“概览”,而是在尽可能吸收前人成果的基础上,体现专家学者们的研究所得和个人见解。

《列国志》是一座里程碑，这一浩繁工程无愧于先人的理想，更为今天和后来的中国人探索和认识外面的世界开拓了更广阔的空间。

图书在版编目（CIP）数据

马里/张忠祥编著. －北京：社会科学文献出版社，2006.8
（列国志）
ISBN 7－80230－096－7

Ⅰ.马... Ⅱ.张... Ⅲ.马里－概况 Ⅳ.K944.8

中国版本图书馆 CIP 数据核字（2006）第 044096 号

马里（Mali） **·列国志·**

编 著 者／张忠祥
审 定 人／顾章义 张宏明 温伯友

出 版 人／谢寿光
出 版 者／社会科学文献出版社
地　　址／北京市东城区先晓胡同 10 号 （邮政编码：100005）
网　　址／http：//www.ssap.com.cn
网站支持／（010）65269967
责任部门／《列国志》工作室 （010）65232637
电子信箱／bianjibu@ssap.cn
项目经理／宋月华
责任编辑／孙 诚
责任校对／申 晨
责任印制／盖永东

总 经 销／社会科学文献出版社发行部
（010）65139961 65139963
经　　销／各地书店
读者服务／市场部 （010）65285539
法律顾问／北京建元律师事务所
排　　版／北京中文天地文化艺术有限公司
印　　刷／北京智力达印刷有限公司

开　　本／880×1230 毫米 1/32 开
印　　张／7.75
字　　数／180 千字
版　　次／2006 年 8 月第 1 版 2006 年 8 月第 1 次印刷

书　　号／ISBN 7－80230－096－7/K·001
定　　价／23.00 元

《列国志》主要编辑出版发行人

出 版 人 谢寿光

总 编 辑 邹东涛

项目负责人 杨 群

发 行 人 王 菲

编辑主任 宋月华

编 辑 （按姓名笔画为序）

朱希淦 杨 群 宋月华

陈文桂 李正乐 周志宽

范明礼 章绍武

封面设计 孙元明

内文设计 熠 菲

责任印制 同 非

编 务 李 敏

编辑中心 电话：65232637

网址：ssdphzh_cn@sohu.com